기획에서
마케팅까지 ——— **끝에서
시작하라**

기획에서
마케팅까지

끝에서
시작하라

맷 월러트 | 김원호 옮김

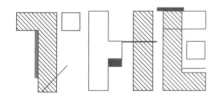 

김영사

기획에서 마케팅까지

끝에서 시작하라

1판 1쇄 인쇄 2019. 9. 17.
1판 1쇄 발행 2019. 9. 23.

지은이 맷 월러트
옮긴이 김원호

발행인 고세규
편집 박보람 | 디자인 조명이
발행처 김영사
등록 1979년 5월 17일(제406-2003-036호)
주소 경기도 파주시 문발로 197(문발동) 우편번호 10881
전화 마케팅부 031)955-3100, 편집부 031)955-3200 | 팩스 031)955-3111

값은 뒤표지에 있습니다.
ISBN 978-89-349-9908-9 03320

홈페이지 www.gimmyoung.com 블로그 blog.naver.com/gybook
페이스북 facebook.com/gybooks 이메일 bestbook@gimmyoung.com

좋은 독자가 좋은 책을 만듭니다.
김영사는 독자 여러분의 의견에 항상 귀 기울이고 있습니다.

이 도서의 국립중앙도서관 출판시도서목록(CIP)은 서지정보유통지원시스템 홈페이지
(http://seoji.nl.go.kr)와 국가자료공동목록시스템(http://www.nl.go.kr/kolisnet)에서
이용하실 수 있습니다. (CIP제어번호 : CIP2019035240)

내 아들, 베어Bear에게

단언컨대 우리 인생에서 최고의 포상은

일할 만한 가치가 있는 곳에서

열심히 일할 수 있는 기회를 얻는 것이다.

_테디 루스벨트Teddy Roosevelt

차례

CONTENTS

서문

우리 인간은 타고난 행동과학자다. 갓난아이 시절부터 울음소리로 압력을 만들어내고 다른 사람의 행동을 이끌어낸다. 아기가 울면 사람들은 먹을 것을 주기도 하고 안아주기도 한다. 또한 우리는 다른 사람들이 만들어내는 압력에 따라 모습이 만들어진다. 우리가 만나는 사람, 그리고 우리가 겪는 환경과 헤아릴 수 없을 만큼 미묘한 상호작용을 하면서 어떤 말을 해야 하고, 어떤 옷을 입어야 하고, 어떤 행동을 해야 하는지 배운다. 또한 우리 자신이 거대 집단의 일부가 되어 행동함으로써 계속해서 다른 사람들의 행동을 변화시키기도 한다.

우리가 만드는 구조물이나 창작물도 행동변화에 대한 압력을 만들어내는 경우가 많다. 다른 사람의 행동에 대해 영향력을 가지려는 것은 인간의 본능이므로 우리는 끊임없이 다른 사람들한테서 원하는 행동을 이끌어내려고 한다. 그 결과 우리가 접하는 거의 모든 것은 특정 행동을 이끌어내도록 만들어져 있다. 도로 옆에 만들어진 인도는 우리가 어디로 걸어가야 하는지를 말해준다. 영화는 우리에게 웃어야 하는지, 아니면 울어야 하는지를 말해준다. 정장에 타이까지 맨

복장은 "나에게 격식을 갖춰주시오"라고 말해주는 반면, 하와이안셔츠는 편하게 대해도 된다고 말해준다.

하지만 무언가를 만들어내려는 욕구와 행동변화라는 목표를 연결짓는 경우는 거의 없다. 대부분의 기업에서 이루어지는 의사결정을 보면 미국 드라마 〈매드맨Mad Men〉*에 나오는 장면과 거의 다를 바 없다. 현장 전문 지식도 별로 없고 특권 의식만 있는, 대부분이 백인 남성인 경영자들이 아무 아이디어나 내놓다가, 서로 그럴듯하다고 생각하는 것이 하나 나오면 그대로 결정을 내린다. 그와 같은 결정 사안에 대한 합리화는 결정권자가 좋아하는 의견을 뒷받침하기 위해 사후적으로 이루어질 뿐이다.

오늘날 기업들의 비전 가운데 상당수가 이와 같이 만들어진다. 여기에는 행동도 없고, 목표에 대한 합의 과정도 없다. 단지 그럴듯해 보이게 하는 과장된 수사들만 있다. 충분히 역량이 있는 기업도 실제의 성과보다는 겉으로 드러나는 과정을 더 중시하고, 소비자의 행동변화보다는 스타일 좋은 제품을 더 중시한다. 이와 같은 기업이 할 수 있는 일이라고는 자신들의 제품에 대해 공허하게 외쳐대는 것뿐이다. 하지만 이런 방식으로는 사람들의 구매 욕구를 만들어낼 수 없다. 오히려 시간과 노력, 자원의 낭비만 초래한다.

미국에서 광고에 지출되는 돈은 미국 전체 국내총생산GDP의 1퍼

• 1960년대 뉴욕 메디슨가의 광고계 사람들을 다룬 드라마 – 옮긴이

센트나 된다. 연간 2200억 달러나 되는 돈이 행동변화를 중심 목표로 삼지도 않는 프로세스를 위해 사용되는 것이다. 최소한의 심리학적 고려도 없이 우리는 사람들의 인지 공간을 차지하기 위해 막대한 자원을 쏟아붓는데, 그 결과에 만족하는 사람은 그리 많지 않은 게 현실이다. 목표를 중심으로(우리가 이끌어내고자 하는, 명확하게 규정된 사람들의 행동을 중심으로) 프로세스를 시작하지도 않으면서 우리는 경쟁자들을 능가하는 매출을 기대하고, 실체도 없는 그럴듯한 방법론을 추구한다. 제품 개발은 이제 시장과는 별개로 진행되는 경우가 많으며, 아예 시장의 욕구가 아닌 멋진 광고를 염두에 두고 제품이 만들어지기도 한다.

이와 같은 접근법을 여전히 좋아하고, 드라마 〈매드맨〉의 세상에서 계속 살고 싶다면 이 책을 읽지 않아도 괜찮다. 어느 누구도 이 책을 읽고 행동변화를 위한 프로세스를 시작하라고 강요하지 않는다. 만약 이 책을 온라인 서점에서 구입했다면 그리 어렵지 않게 반품할 수 있을 것이다. 아니면 주위의 다른 사람에게 선물로 주는 것도 좋겠다(이건 궁극의 환경보호 활동이 될 수도 있다).

그러나 기존의 시장 접근 방식을 지속 가능하다고 생각하지 않아 기존과는 다른 방식을 찾고 있다면 이 책을 끝까지 읽어보기 바란다. 나는 과정보다는 결과가 더 우선되어야 한다고 생각한다. 이 책에서 논하게 될 새로운 프로세스는 우리에게 더 나은 결과를 가져다줄 수 있다. 가장 중요한 것은 결과로서 나타나는 사람들의 행동변화다.

//////////// **그전과는 다른, 더 나은 이유로서의 행동변화**

많은 사람이 비전, 영감, 창의성의 정점에 있는 제품으로 애플의 아이폰을 꼽는다. 이는 기존의 것에 의문을 제기하는 일을 도전으로 받아들이는 오늘날의 〈매드맨〉 세상에서 나온 기적이라 할 만하다. 실제로 오늘날의 세상에서 기존의 것에 의문을 제기하는 도전은 거의 다 무위로 끝나는 게 현실이다.

아이폰이 출현할 수 있었던 것은 우리가 살고 있는 지금의 세상과 실현 가능한 상상의 세상을 이어준 질문이 있었기 때문이다. 애플은 사람들이 언제 어디서든 다양한 욕구를 실현하기 위해 휴대전화를 사용하는 세상을 상상했고, 그런 다음 그와 같은 상상을 실현하게 해줄 기기를 만들었다. 엄밀하게 말해 애플은 기존의 것에 도전한 게 아니라, 자신들이 가진 질문을 기반으로 자신들이 상상하는 세상을 실현해낸 것이다. 여기서 애플이 가졌던 질문은 "왜 사람들은 그렇게 하기를 바랄까?"와 "왜 사람들은 아직 그렇게 하지 않을까?" 두 가지다.

이 두 가지 질문이 이 책의 핵심이다. 첫 번째 질문은 사람들의 행동을 유발하는 조건이나 상황에 대한 것으로, 이 책에서 말하는 촉진압력과 관련이 있다. 그리고 두 번째 질문은 사람들의 행동을 억제하는 요인에 대한 것으로, 이 책에서 말하는 억제압력과 관련이 있다. 어떤 상황에 작용하는 촉진압력과 억제압력을 파악하고, 그러한 압력에 변화를 주는 것은 행동변화를 위한 설계의 기본 원리다. 나는 행동변화를 위한 이 설계 과정을 행동변화 디자인 프로세스Intervention Design Process, IDP라고 부를 것이다. 여기서 개입은 압력을 변화시키려는 개입을 의미하고, 압력의 변화는 행동변화로 이어지게 된다. 이 책의 내용은 압력을 변화시키는 개입을 설계하는 방법에 대한 것이며, 효과적인 개입을 설계할 수 있다면 정량적인 평가가 가능한 행동변화를 이끌어낼 수 있다.

앞에서 광고에 지출되는 돈에 대해 부정적으로 이야기했는데, 다른 분야에서 발생하고 있는 낭비 때문에 이 책을 쓴 것은 아니다. 내가 이 책을 쓴 이유는 매우 단순하다. 바로 행동변화 디자인 프로세스가 필요했기 때문이다.

나는 사회심리학을 공부한 사람이고, 사회심리학은 아직 실현되지 않은 세상을 다룰 때가 많다. 사회심리학자들은 어떤 상황의 실현 가능성을 파악하기 위해 실험을 할 때가 많은데, 실험을 하다 보면 어느 한 가지의 변화가 모든 것을 바꿔놓는 일을 겪곤 한다. 이는 과학을 하는 사람들에게는 익숙한 상황이다. 다른 변수들은 모두 고정해놓고 어느 한 가지 변수에만 변화를 주는 식으로 인과관계를 찾아내려고 할 때가 있다.

나는 세상을 더 나은 곳으로 바꾸고자 하는 열의가 있는 젊은 과학자로서(이러한 열의는 부모님한테서 받은 것이다) 사회심리학이 행동변화를 일으키는 열쇠가 될 수 있다고 믿는다. 나는 대학에서 행동변화를 다룬 지난 100년 동안의 연구에 대해 공부했고, 인간의 행동변화를 유발하는 다양한 요인을 알게 될 때마다 사회심리학에 더욱 매료되었다. 나는 밤낮없이 공부와 연구를 했고, 여덟 개에서 열 개의 실험을 동시에 진행하는 게 일상이었다(내가 대학에서 진행한 실험은 말 그대로 수백 개에 이른다). 이렇게 해서 나는 행동변화를 일으키는 원리에 대해 꽤 깊이 이해할 수 있었다. 그리고 사회심리학 박사 과정에 들어갔을 때는 이미 많은 논문을 발표한 상태였고, 학자로서의 탄탄한 경력이 내 앞에 펼쳐질 거라고 믿었다.

대학원에서 나는 연구를 통해 더 나은 행동으로 가는 길을 열 수 있을 거라고 생각했다. 그러나 어느 날 문득 내가 이루어왔다고 생각했던 것들을 돌이켜보니 실망스럽게도 세상에 대한 영향력이 거의 없다는 사실을 알았다. 차라리 적당한 수준의 상품을 만들어내는 편이 세상에 더 큰 영향력을 미칠 수 있을 듯했다. 그래서 나는 사회로 나오기로 결심했고, 10년 동안 여러 상품을 개발하는 과정에 참여했다. 그리고 이것이 세상을 더 나은 곳으로 만드는 확실한 방법이라고 생각했다.

한편 그렇게 연구하고 일하는 내내 나는 주위 사람들에게 이방인 취급을 받았다. 순수 심리학자라 하기에는 응용학문에 너무 치우쳤고(이름만 대면 다 아는 어느 심리학 교수는 내게 연구원 자리를 제안하면서 자신들이 바라는 연구 활동에 집중해줄 수 있느냐고 확인했을 정도다. 나만 모르고 있었을 뿐, 그 교수는 내가 순수 연구에는 맞지 않는 사람임을 이미 알고 있었던 듯하다), 회사원이라 하기에는 너무 실험적이고 과학 중심적이었기 때문이다(실험을 할 때는 포커스그룹이 중요하다는 개념을 이해하는 경영자의 수는 놀랄 정도로 적었다). 비즈니스 세계에서 일을 시작하고 한동안은 다른 사람들에게 내 생각이나 계획을 이해시키기 위해 거의 강의 수준의 설명을 해야 했다. 그리고 그렇게 하더라도 다른 사람들을 이해시키는 건 매우 어려운 일이었기에 사회생활 초기에 내가 이루어낸 성과를 돌이켜보면 차라리 기적이었다는 생각이 들 정도다.

지난 2002년 심리학자인 대니얼 카너먼Daniel Kahneman 교수가 노벨상을 받은 것은 나와 같은 사람에게는 무척이나 고마운 일이었다(카너먼 교수는 경제학 부문에서 노벨상을 받았다. 심리학 부문에는 노벨상이 없다). 그의 노벨상 수상 이후 심리학 분야의 책이 많이 팔리기 시작했고, 심리학은 TED 강연의 인기 주제가 되었다. 그리고 앤절라 더크워스Angela Duckworth나 댄 애리얼리Dan Ariely 같은 스타 심리학자가 나오면서 인간의 판단이나 습관을 만들어내는 인지 과정에 대한 논의는 일반인들 사이에서도 익숙한 주제가 되었다. 이제 행동변화는 TED 강연의 가장 인기 있는 주제들 가운데 하나다(심리학이 이렇게까지 인기를 얻는 상황은 나로서는 꽤 어색하기까지 하다).

다만 행동과학 분야의 책과 강연에 대한 인기와는 별개로, 카너먼 교수의 노벨상 수상 이후로 15년이 넘은 지금도 행동과학자로서 기업에서 중역을 맡고 있는 사람은 극소수에 불과하다. 사람들은 행동과학에 관한 책을 많이 읽고는 있지만(이 책을 출간하기 위해 출판사가 자금을 댄 것도 그 때문이겠지만), 행동과학의 원리를 현실에 적용하는 일은 그렇게 빨리 진행되고 있는 것 같지 않다. 그리고 내가 여러 회사를 거쳐 가며 취업 상태를 유지할 수 있는 이유도 행동과학의 원리를 업무에 적용하려면 전문가의 조언이 있어야 한다고 생각하는 사람이 많기 때문일 것이다.

이렇게 된 데는 학계의 잘못도 크다. 행동과학자로서 고백하자면 우리는 상아탑 안에서 발견한 바를 실제 현장에 적용하는 일을 너무 어렵게 만들어놓았다. 사람들이 행동과학의 원리를 자신들의 업무에 적용하는 데 활용할 수 있는 단순하면서도 효과적인 체계가 거의 없다. 그와 같은 체계를 만들려는 몇몇 학자가 있긴 하지만 그들마저도 실제 현장의 데이터가 아니라 연구실에서 나온 결론에 집착하는 모습을 보인다.

사실 지금의 우리는 과거 그 어느 때보다도 행동변화에 대한 지식을 더 많이 갖추고 있다. 그렇기에 이와 같은 지식이 제대로 활용되지 않는 현실이 더욱 안타깝다. 사회심리학과 행동경제학 분야에서 일어난 진보 덕분에 우리는 사람들의 행동을 이해하고 행동변화를 위한 개입을 설계하는 일을 더 잘할 수 있었다. 여기에 인터넷, 인터넷 기반의 다양한 기기, 각종 데이터 센서가 발전하면서 우리는 설계한 개입을 실행하고, 그러한 개입의 효과를 측정하는 일을 훨씬 더 광범위하면서도 정확하게 할 수 있었다. 이 모두가 행동변화를 이끌어낼 가능성을 더욱 높여주는 환경의 변화라 하겠다.

바로 이런 시점에서 이 책이 나오게 되었다. 나는 행동변화를 온몸으로 경험한 사람이다. 원리주의적인 분위기의 상아탑에서 학문을 추구하다가, 원리의 응용이 가장 중시되는 기업 세계로 나와 일하고 있다. 나는 당신도 무언가를 만드는 과정에서 체계적인 행동변화를 그 중심에 두는 세계가 있다는 점을 인식하기를 바란다. 그리고 그러한 세계에 동참하기를 바란다. 아직은 무언가를 만들면서 체계적인 행동변화를 중심에 두는 사람이 그리 많지는 않다. 그러나 그렇게 하는 사람이 충분히 많아진다면 행동변화를 이끌어내기 위해 무의미한 광고 활동에 엄청난 창의력이 낭비되는 일을 크게 줄일 수 있다(그뿐 아니라 광고 활동에 낭비되는 엄청난 양의 지구 자원도 생각해보라). 앞에서도 이야기했지만 도로 옆에 만들어진 인도, 하와이안셔츠, 타이가 곁들여진 정장 같은 장치들만 하더라도 사람들의 특정한 행동을 이끌어낸다. 거의 자동적으로 말이다. 그리고 인종차별, 성차별, 빈곤, 환경오염 등의 문제에서도 사람들의 행동변화를 이끌어내는 효과적인 개입이 있을 것이다. 나는 이 책에서 논하게 될 행동변화 디자인 프로세스가 우리 자신을 파괴하는 이와 같은 문제들에 대한 최선의 해법이 될 수 있다고 믿는다.

행동변화 디자인 프로세스는 막연한 구호가 아니라 시스템이다. 이 시스템은 좁게는 개인의 식습관을 변화시키거나 부정적인 편향성을 줄이는 것에서부터 넓게는 글로벌 수준에서의 소비자의 행동변화를 이끌어내는 데 사용할 수 있고, 또 여러 산업계에서 범용적으로 사용할 수 있다. 나는 이 책에서 행동변화 디자인 프로세스를 활용하는 구체적인 방법을 설명할 것이다. 당신은 약간의 응용을 거쳐 업무나 생활에서 곧바로 이 프로세스를 활용할 수 있다.

1부에서는 행동변화 디자인 프로세스를 단계별로 설명할 것이다. 여기서는 행동변화를 이끌어내는 방법의 기본 원리가 논의될 텐데, 행동변화 디자인 프로세스를 자신의 업무나 생활에 활용하고자 하는 사람이라면 반드시 꼼꼼하게 읽어봐야 하는 부분이다. 나는 복잡한 이론이 아니라 프로세스의 활용을 중심으로 1부의 논의를 진행하려고 한다. 따라서 1부의 내용만 읽어보더라도 행동변화 디자인 프로세스를 꽤 유용하게 활용할 수 있을 것이다.

초급 행동과학자와 상급 행동과학자의 차이를 만들어내는 것은 직관이나 재능이 아니다. 이는 경험이 만들어내는 것이다. 2부에서는 지난 15년 동안 행동변화 디자인 프로세스를 활용하면서 내가 알게 된 것을 최대한 많이 풀어내려고 했다. 2부의 각 장은 서로 독립적인 내용으로 구성되어 있어 1부와는 달리 모든 장을 다 읽지 않아도 되고, 또 순서대로 읽지 않아도 된다. 2부 각 장의 순서는 내가 임의로 정한 것이다. 그리고 아직 행동변화 디자인 프로세스를 실행해보지 않았다면 2부의 내용 가운데 잘 이해되지 않는 부분도 있을 것이다. 2부는 행동변화 디자인 프로세스를 실제로 활용하기 시작한 뒤에 다시 읽어보면 많은 부분이 새롭게 다가올 것이다.

내용이 꽤 길어졌는데, 이제 서문을 마무리하면서 미리 해두어야 할 말이 있다. 이 책에서는 행동변화 디자인 프로세스 외에도 여러 이야기가 나올 수 있고, 그중에는 성차별과 인종차별을 비롯한 잘못된 행동들에 대한 비판이나 독설도 포함되어 있다. 나는 이와 같은 잘못된 행동들과 끝까지 싸우려고 한다. 경제경영서들은(내 담당 편집자가 이 책은 경제경영서로 분류될 거라고 했다) 우리 사회의 약자를 배제하거나 그들의 용기를 꺾는 내용을 담고 있는 경우가 많은데, 나는 그들에 대한 차별을 철저히 배척한다. 물론 이와 같은 잘못된 행동들에 대한 비판이나 독설은 빼고 책을 쓸 수도 있겠지만, 내가 왜 그래야 하는가? 이 책은 온전하게 나의 책인데 말이다. 그리고 잘못된 행동을 비판하는 내 목소리에 문제의식을 느낀다면 그러한 의견을 내게 직접 전달해주기 바란다.

사람들의 행동에 대한 일반적인 관념에 의문을 제기할 때는 앞으로 일어나게 될 행동변화에 대한 기존의 가정에도 함께 의문을 제기할 필요가 있다. 그리고 이 과정에서 나는 가끔은 꽤 거친 말투를 사용할 것이다. 나는 늘씬한 몸매에 고급 정장을 빼입고 점잖은 말투를 사용하는 그런 부류의 사람은 아니다. 행동변화를 위한 프로세스는 상당히 까다로운 과정이 될 수도 있지만, 일단 익숙해지면 그 효과에 크게 만족하게 될 것이다.

그리고 한마디 덧붙이자면 박사 학위를 받을 필요는 없다. 다시 한번 말하지만, 박사 학위는 필요 없다. 나는 박사 학위가 없지만, 필요한 지식을 갖고 결과를 만들어낸다. 과학적 프로세스를 통해 다른 사람들에게 원하는 행동을 이끌어낼 수만 있다면 누구라도 행동과학자가 될 수 있다. 화장실 이용자에게 바닥이 아니라 변기에 소변을 보도록 행동을 이끌어낼 수만 있다면 청소부도 행동과학자다(소변기 안에 놓여 있는 탈취제의 진짜 목적은 표적판이라는 이야기가 있다). 박사 학위를 받기 위해 과학적 프로세스를 반복해서 실행하다 보면 더 능숙하게 과학적 접근법을 활용할 수 있겠지만, 이를 훈련하는 방법은 그 외에도 많다. 그리고 우리가 관심을 보여야 할 부분은 과학적 접근법이 아니라 행동변화라는 결과다.

물론 행동변화라는 결과를 추구하더라도 지켜야 할 선은 있다. 애플이 추구하는 것은 애플의 기기에 중독된 사람들의 세상이 아니다(몇몇 기업은 자신들의 상품으로 사람들을 중독시켜 돈을 벌려고 하지만 말이다). 나는 이 책을 쓰면서 사람들이 지켜야 할 선에 대해서도 꽤 비중 있게 다루려고 했다. 물론 우리 인간의 두뇌는 외부에서 자극을 받으면 화학물질을 분비하고, 그것이 중독으로 이어지기도 한다(또는 거부 반응으로 이어지기도 한다). 하지만 이 같은 효과를 노리고 개입 설계를 하는 것은 비윤리적이다. 이는 인간의 두뇌가 가진 인지적 자원을 고갈시키고 인간의 의지를 가로막는 개입이기 때문이다. 윤리적인 개입이란 인간이 자신의 필요에 따라 생겨난 욕구를 추구하도록 하는 환경을 조성해줌으로써 행동변화를 이끌어내는 개입을 의미한다. 때로는 이러한 개입이 습관을 만들어내기도 하는데, 자기 의지에 따라 자연스럽게 형성된 습관은 중독과는 다르다.

이 책은 신경과학을 다룬 책은 아니다. 또한 윤리가 무엇인지를 가르쳐주려는 책도 아니다. 그동안 나는 의도적으로 사람들의 습관을 만들려고 하는 방식에 어떤 문제점이 있는지 지적해왔고, 조직 내에서 이루어지는 성차별에 대해서도 목소리를 내왔다(우버Uber의 창업자 트래비스 캘러닉Travis Kalanick은 우버 내에서 일어났던 조직적인 성차별 문제에 대해 계속해서 책임의식을 가져야 한다). 하지만 그와 같은 윤리적인 문제를 다루기 위해 이 책을 쓴 것은 아니다. 책을 쓸 때는 근거가 되는 연구 자료가 중요하다. 나는 이 책에서 필요한 곳에 각주를 달아 근거가 되는 연구 자료를 표기해놓았다. 다만 각주를 그리 많이 달아놓지는 않았다. 각주가 잔뜩 달려 있는 책이라는 이유만으로 어떤 책의 내용을 무작정 믿지는 말기 바란다. 과학을 이용하되, 과학의 모습을 띠었다고 해서 무작정 어떤 대상을 신봉하지는 말아야 한다. 그런가 하면 나는 행동변화의 훌륭한 사례에 관해서는 꽤 상세히 소개하려고 했다. 그와 같은 성공적인 사례가 당신이 처한 상황에서도 재현되기를 바라기 때문이다.

이 책에서는 서로 상대되는 개념들이 비중 있게 다뤄질 것이다. 어떤 상황에 작용하는 특정 압력을 높이거나 낮춤으로써 사람들의 행동을 이끌어낼 수도, 또 막을 수도 있다. 촉진압력을 높이거나 억제압력을 낮추는 식으로 사람들의 행동을 이끌어낼 수 있고, 촉진압력을 낮추거나 억제압력을 높이는 식으로 사람들의 행동을 막을 수 있다. 이 책에서는 기본적으로 사람들의 행동을 이끌어내는 방법을 중심으로 논의를 진행할 테지만, 그 방법을 조금 응용하면 사람들의 행동을 막을 수도 있다. 이 책에서 제시하는 모델은 범용성을 갖고 있으므로 상황과 목적에 맞게 어떤 방향으로든 응용할 수 있다.

이 책은 양면성을 지닌다. 좋은 의도를 위해 사용될 수도 있지만, 나쁜 의도를 위해 사용될 수도 있다. 이 책의 방법론이 흡연율을 낮추기 위해 사용될 수도 있지만, 흡연율을 높이기 위해서도 사용될 수 있는 식이다. 나는 대학원에서 소비를 줄이고 저축을 늘릴 수 있는 방법론을 정립해 논문으로 발표했는데, 이 방법론이 오히려 소비를 늘리려는 측에게 사용된 적이 있다. 행동변화가 일어나면 그 변화 때문에 이익을 보는 측과 손해를 보는 측이 생겨나게 마련인데, 이는 행동변화를 중심에 둔 전쟁을 일으킨다. 그리고 이 전쟁은 보통 막강한 자금력을 갖춘 대기업의 승리로 끝난다. 충분히 예상되는 결과이기는 하다(미국만 하더라도 한 해에 2000억 달러 이상의 돈이 광고에 들어가는데, 광고는 강력한 촉진압력으로 작용하며 이는 대기업들이 주도하는 시장이다).

하지만 이 책은 작은 기업들이 활용할 수 있는 게릴라 전술을 담고 있으며, 이 책의 방법론이 이러한 흐름을 바꿀 수도 있을 것이다. 나는 영국 출신 래퍼인 더 스트리츠The Streets가 부른 〈스테이 포지티브 Stay Positive〉의 가사를 좋아한다. 가사 내용은 대충 이러하다.

그 사람이 에이스 같은 최고의 패를 갖고 있을 수 있지

그러니까 당신은 두 번째, 세 번째 패로 더 빠르게 움직여야 해

그러다 보면 그 사람을 이길 수 있을 때가 올 거야

담배나 총알, 설탕 같은 제품들을 더 많이 팔기 위해 소비자의 행동변화를 추구하는 대기업은 사용할 수 있는 좋은 패가 많다. 하지만 이들은 거의 예외 없이 큰 규모 때문에 행동 속도가 느리다. 관리해야 할 것이 너무 많고 복잡하기 때문이다. 대기업이 움직이는 모습을 보면 여전히 드라마 〈매드맨〉의 세상에 머물러 있는 듯하다. 반면에 우리가 살고 있는 세상은 작고 빠른 조직에 더 유리하게 변해간다. 흡연, 폭력, 비만과 싸우고자 하는 작은 조직에 광고 예산 같은 것은 없겠지만, 구조적인 행동변화를 이끌어내는 프로세스의 민주화 덕분에 이들도 영리하게 싸울 수 있게 되었다. 가장 좋은 패가 아닌 두 번째, 세 번째 패를 갖고도 빠르게 움직임으로써 더 좋은 성과를 이끌어낼 수 있는 환경이 조성되어 있는 것이다. 이 책에서는 바로 그러한 구조적인 행동변화를 이끌어내는 프로세스의 활용을 소개하고자 한다.

어떤 프로세스를 선한 의도로 활용한다고 해서 반드시 선한 결과가 나오는 것은 아니다. 아무리 의도가 선하더라도 충분히 높은 책임의식이 뒷받침되지 않는다면 심각한 해악을 불러올 수도 있다. 나 또한 이와 같은 의도치 않은 결과를 만들어낸 적이 있으며, 앞으로도 그러지 말란 법은 없다. 이 책에서는 행동변화 디자인 프로세스의 활

용에 대한 윤리적인 판단도 비중 있게 다루고 있는데, 윤리적인 문제의 발생을 최소화하는 가장 좋은 방법은 목표를 투명하게 공개하는 것이다. 즉 프로세스를 진행하는 사람들과 프로세스의 대상이 되는 사람들 모두가 프로세스의 목표가 무엇인지를 알고 그 내용을 공유해야 한다. 결과를 확신할 수 없는 상황에서는 프로세스의 진행을 멈춘 뒤 사람들과 의견을 나누고 프로세스 내용을 수정하는 식으로 접근해야 한다. 물론 당신에게 윤리적인 기준을 강요할 수는 없겠지만, 높은 수준의 윤리의식을 가져달라고 부탁하고 싶다.

나는 지금 말하는 내용을 항상 기억하려고 한다. 그리고 이 책 역시 행동변화 디자인 프로세스의 결과물이며, 이 책으로 이루어내고자 하는 목표가 존재한다. 바로 당신이 이 책을 읽은 상태라면 목표를 이루어내기 위한 개입을 설계하고, 그 개입을 진행하는 데 체계적인 방법을 적용하며, 최종적으로 목표를 이루어내는 일련의 과정에 도움이 되는 것이다. 그리고 더 효과적으로 행동변화를 이끌어내고, 더 나은 세상을 만드는 데 도움이 되는 것이다. 이와 같은 성과를 만들어낼 수 있다면 나는 이 책이 성공적이라고 평가하고 싶다. 지금보다 더 나은 세상을 만드는 것, 그것이 이 책을 통해 내가 개입해 이루어내고자 하는 목표다.

여기까지가 이 책의 서문이다. 이제 본문으로 들어갈 텐데, 미국의 솔soul 가수 마빈 게이Marvin Gaye가 그랬던가, "제대로 즐겨보자"고 말이다.

THE
BASICS
OF
BEHAVIOR
CHANGE

PART 1

행동을
바꾸는
기본 원리

1장

행동변화
디자인 프로세스란
무엇인가?

/////////////////////////////////////

행동의 변화를 원할 때 우리는 그 변화의 가능성을 가늠해본다. 자신이 지금 사는 세계와 살았으면 바라는 반대편 세계 사이의 간극을 살펴본다. 그런 다음 자신이 판단한 가능성을 토대로 행동목표를 마련하는데, 이 행동목표는 우리가 의도하는 행동을 만들어내고 변화를 촉진하는 지렛대이자 압력으로 작용한다. 행동목표를 만들어낸 뒤에 우리는 행동변화를 위한 '개입'을 설계하는데, 개입에 대한 파일럿 프로그램을 실행하고(그리고 확인하고), 더 넓은 범위의 실험을 하고(그리고 확인하고), (평가 결과가 좋게 나오는 경우) 이를 본격적으로 실행하는 일련의 과정에서 윤리적인 판단을 내리고 선택하는 작업을 한다. 그리고 이와 같은 작업이 우리가 바라는 행동변화를 촉진하고 있는지 지속적으로 관찰하고 확인한다. 나는 이러한 전체적인 과정을 행동변화 디자인 프로세스라고 부르는데, 이것이 이 책의 핵심 주제다. 행동변화 디자인 프로세스를 반복적으로 행함으로써 우리가 바라는 행동변화를 이끌어낼 수 있다.

여기서 잠깐 내가 경험한 이야기를 해보려고 한다.

나는 2012년부터 마이크로소프트에서 일했는데, 내가 기억하기에 나는 행동과학자로 마이크로소프트에 채용된 최초의 사람이었다. 나는 마이크로소프트의 여러 제품 개발에 관여했는데, 그중에 검색엔진 빙Bing이 있었다. 당시 나는 이런 생각을 했다. 학교에서 아이들은 사람들의 기대와 달리 무언가를 거의 찾아보지 않는다. 어쨌든 학교는 아이들의 호기심을 자극해야 하는 곳이고, 그렇다면 검색엔진이 수업의 기본적인 도구가 되어야 하는 게 아닐까?

이와 같은 변화의 가능성을 가늠해보기 위해 우선 우리가 추구하려는 게 의미가 있는 것인지, 아니면 누구에게도 가치를 만들어내지 못하는 것인지를 생각해보기 시작했다. 여기서 내가 '가능성'이라는 말을 쓰는 이유는 무언가가 결과적으로 확인된 게 아니라면 '가능한 일' 정도로 인식하는 것이 과학적인 접근법이라고 생각하기 때문이다. 어떤 가정에 대한 건전한 의심은 시도에 대해 엄밀함을 이끌어내는 동력이 되고, 그러한 의심이 있어야 우리가 안다고 생각하는 것을 지속적으로 검증하게 된다. 그래서 나는 데이터부터 찾아보기 시작했다. 몇몇 학군의 IP 주소, 학생 수, 쿼리 로그query log 기록 등의 데이터를 수집한 다음 학생 한 명당 쿼리queries per student, QPS를 계산해보았는데(나는 이 QPS라는 용어를 생각해낸 데 우쭐하는 마음도 들었으나 이미 IT 분야에서는 초당 쿼리, 즉 queries per second의 약어로 통용된다는 사실을 알았다), 이 숫자가 1이 되지 않는 것으로 나타났다. 너무 작은 숫자였다. 학교 숙제를 할 때도 IT 기기와 정보를 이용할 거라고 기대되는 요즘 학생들이 하루에 채 한 번도 검색엔진을 이용하지 않는다는 의미였기 때문이다.

하지만 데이터 분석만으로 현상을 정확하게 파악했다고는 할 수 없는 일이다. 나는 학생들이 검색엔진을 어떻게 이용하는지 직접 보기 위해 몇몇 교실을 방문해보았다. 그리고 내가 교실에서 본 상황은 데이터 분석과 일치했다. 데이터 분석과 직접적 관찰이라는 서로 다른 방식의 접근법이 동일한 결론으로 이어진다면, 즉 과학자들이 말하는 수렴타당도가 있다면 그것은 사실로 받아들여야 한다. 추가적인 데이터 분석을 통해 기존 데이터 분석의 신뢰성을 뒷받침하는 것도 좋은 방법이지만, 정량적인 분석 결과에 들어맞는 정성적인 현상을 발견하는 것은 더 좋은 방법이다. 내가 교실들을 직접 찾아가 관찰해보니 학생들은 컴퓨터 앞에 오래 앉아 있기는 했지만 검색엔진을 이용하는 경우는 거의 없었고, QPS는 1이 되지 않았다.

변화의 가능성을 확인한 다음 나는 행동목표를 작성했다. 이 행동목표는 우리가 추구하고자 하는 목표점을 설명하는 것인데, 이번 경우에는 '학생들이 궁금한 게 있는데, 마침 그들이 학교에 있고 근처에 인터넷에 연결된 컴퓨터가 있다면 빙을 이용해 답을 찾도록 한다(이를 QPS 수치로 평가한다)' 정도로 삼았다. 나는 빙 개발자를 비롯한 마이크로소프트의 여러 사람과 함께 아이들의 검색엔진 이용을 유도

할 수 있는 요인은 무엇인지, 그리고 아이들이 검색엔진을 이용하지 않는 이유는 무엇인지 생각해보기 시작했다. 이 과정에서 온갖 다양한 의견이 나왔다. 검색엔진 이용을 유도할 수 있는 요인으로 무언가를 안다는 것에 대한 사회적 바람직성을 이야기하는 사람도 있었고, 숙제에 대한 필요성을 이야기하는 사람도 있었다. 그런가 하면 아이들이 검색엔진을 이용하지 않는 이유로는 느린 속도, 복잡함, 직관적이지 않은 검색 결과물 등이 제기되었다.

우리는 이러한 점들을 확인하기 위해 다시 교실을 찾기로 했다. 그런데 이런 이야기를 하는 과정에서 마케팅 쪽에서 나온 사람이 아이들의 호기심을 자극함으로써 검색엔진을 사용하도록 유도할 수 있다고 주장했다. 이를 위해 그는 수백만 달러 규모의 대대적인 광고 캠페인을 벌여 아이들에게 세상의 신기한 점들을 알려주자는 의견을 냈다. 이는 익숙한 이야기였다. 구글Google의 경우만 하더라도 음성 검색 서비스를 알리기 위해 슈퍼볼 광고로 상당한 비용을 지출한 바 있다(나는 이 일과는 직접적으로 관련이 없지만 말이다).

그 마케팅 쪽 사람은 신이 나서 광고 내용에 대한 구체적인 아이디어까지 내주었다. 하지만 나는 그 사람을 진정시키고 우선 교실을 찾아가 보기로 했다. 우리는 초등학교 2학년 교실을 찾았는데, 아이들의 호기심에는 아무런 문제가 없다는 점을 금세 확인할 수 있었다. 사실 대부분의 어른이 느끼기에 아이들은 궁금한 점을 부담스러울 정도로 많이 물어보는데, 우리가 찾았던 그 교실에서도 한 아이가 계속해서 이런 질문을 쏟아냈다. 과학자라고 하면서 왜 흰색 실험복을 입고 오지 않았어요? 우리 삼촌도 마이크로소프트에서 일하는데, 혹시 우리 삼촌 아세요? 화장실에 가도 돼요? 아이들은 왕성한 호기심을 느끼고 있었고, 호기심이 적어서 검색엔진을 사용하지 않는 게 아니었다. 그러니 이미 충분히 존재하는 호기심을 더 유발하기 위해 광고비를 지출하는 것은 예산 낭비일 뿐이다(어쨌든 우리가 추구하는 목표는 아이들의 검색엔진 이용 빈도를 높이는 것이었다).

우리가 관찰한 바에 따르면 아이들이 학교에서 검색엔진을 사용하지 않는 것은 교사들의 규제 때문이었다. 교사들은 아이들이 보게 되는 콘텐츠나 개인정보 침해 문제 등을 우려하고 있었는데, 이는 당연하면서도 어쩔 수 없는 일이었다. 그래서 우리는 이 문제를 좀 더 연구해보기로 했다.

아이들에게 적합하지 않은 온라인 콘텐츠가 무엇인지는 분명하게 판단할 수 있다. 주로 성인용 콘텐츠를 들 수 있는데, 만약 어떤 학생이 '젖가슴'이라는 검색어로 무언가를 찾으려 한다면 교사는 거기에 적절한 방식으로 대응할 수가 있다. 그러나 학생이 '바이크 타는 소녀'라는 검색어로 찾는다면 검색 결과에는 자전거를 타는 소녀만이 아니라 비키니를 입은 오토바이 모델도 나오게 된다. 이 경우 외설적인 콘텐츠가 나오게 된 것은 학생의 잘못도 아니고 검색엔진의 잘못도 아니다. 그렇지만 교실의 교사로서는 결코 방치할 수 없는 상황이기에 검색엔진의 사용을 규제할 수밖에 없다.

아이들이 보게 되는 광고도 문제다. 검색엔진은 광고를 통해 수익을 창출하는 게 일반적이므로 이를 사용하는 아이들은 여러 광고에 노출된다. 그런데 자신이 지도하는 학교 교과 활동으로 아이들이 기업광고에 노출되는 것은 교사들로서는 받아들일 수 없는 일이다. 이는 교사들의 정체성과 관련된 문제이며, 정체성은 어떤 판단을 내리는 가장 강력한 동력이다.

개인정보 침해에 대한 우려는 구체적인 근거가 있는 것은 아니다. 우리는 구글이 학생들의 개인정보로 무엇을 할 것 같으냐고 교사들에게 물어보았는데, 그에 대해 뭐라고 분명한 의견을 보여준 이는 아무도 없었다. 하지만 무언가 위험할 수 있다는 게 교사들의 일반적인 생각이었고, 마이크로소프트의 빙 또한 안심을 주지는 못했다. 어떤 판단을 내리는 데 개인의 느낌은 사실만큼이나(많은 경우에 사실보다 더) 강력한 영향력을 발휘한다. 이에 우리 엔지니어들은 개인정보 침해는 기술적인 문제가 아니라고 주장했지만, 나는 우리가 교사들의 우려를 인정해야 한다고 말했다. 나는 엔지니어들에게 그들의 어머니와 통화해 검색엔진이 사람들의 개인정보를 확실하게 지켜줄 거라고 생각하는지 물어보라고 제안했다. 굳이 일반 대중을 대상으로 설문조사를 하고 분석해보지 않아도 사람들의 일반적인 우려를 간단히 확인할 수 있었다.

마지막으로 학생들을 가르치는 일은 매우 힘들다는 현실적인 문제도 있었다. 그건 나도 잘 알고 있었다. 나는 교직 과정을 이수하면서

한 학기 동안 중학교 아이들을 가르친 적이 있는데, 지금까지의 내 인생에서 가장 힘든 일 가운데 하나였다. 교사들은 수업을 진행하고 일반 행정 업무를 하는 것만으로도 너무 벅차서 학생들의 검색엔진 활용에 대해서까지 체계적으로 가르칠 만한 여유가 없다. 그들은 자신이 가르치는 아이들이 호기심을 가지기를 바라지만, 그렇다고 해서 수업의 통제권까지 가지기를 바라지는 않는다.

우리는 수백만 달러가 들어갈 수 있는 광고 캠페인을 배제하고, 교사들이 아이들의 검색엔진 사용을 규제하게 하는 네 가지 요인에 대해 해법을 찾기 시작했다. 그리고 우리가 찾아낸 해법 가운데 가능성이 높다고 판단되는 몇 가지를 추려냈다. 그런 다음 팀을 구성해 우리가 추려낸 해법에 대해 윤리적인 판단을 내리기 시작했다. 이 팀에는 마이크로소프트의 직원뿐 아니라 학교 디지털 교육 전문가도 포함되었는데, 우리는 이들의 도움으로 우리가 찾아낸 해법의 맹점을 없애려고 했다. 여기까지 했다면 이제는 실행으로 옮길 차례다. 우리는 세 곳의 학교에서 파일럿 프로그램을 진행했다. 먼저 학생들에게 검색엔진 빙을 활용해 매일의 학습을 진행해보라고 제안하면서(빙의 홈페이지 배경화면은 지구의 풍경을 담고 있으며, 매일 새로운 풍경으로 바뀐다) 학교에서의 활용을 위해 세이프서치SafeSearch 기능을 담은 새로운 버전의 빙을 소개했다. 세이프서치는 의도치 않은 성인용 콘텐츠의 출현을 최소화하고, 학생들의 광고 노출을 차단하고, 개인정보 수집을 줄이는 등의 기능이 있었다. 아직은 파일럿 프로그램이다 보니

서툰 부분이 있기는 했지만, 나는 학생들을 위해 직접 학습 지도안을 작성하기도 했다. 그리고 우리는 빙이 가진 기본적인 기능은 최대한 많이 유지하려고 했다.

내가 작성한 학습 지도안은 '아이들의 호기심을 이끌어내도록' 설계된 것이었다. 좋은 행동 설계는 그 과정에서 과학을 이용하는데, 그렇다고 해서 그것이 언제나 기대하는 결과를 만들어내지는 않는다. 그리고 기업의 관점에서 마케팅 역량을 활용하는 것은 나쁜 일이 아니다. 중요한 것은 결과이자 성과다. 기업에서 일하는 사람이라면 언제나 이 점을 기억해야 한다.

우리의 파일럿 프로그램은 다음과 같은 결과로 이어졌다. 아이들과 교사들이 좋아했고 학생 한 명당 쿼리, 즉 QPS 수치가 올라갔다(그리 큰 수치 변화는 아니었지만 올바른 방향이었다). 이는 더 넓은 범위의 실험을 수행하는 데 필요한 증거였으며, 우리는 이를 위해 교육 전문가에게 의뢰해 학습 지도안을 작성했다(광고비로 많은 돈을 쓰지 않기로 했던 게 다행이었다!). 그리고 개발팀에서는 세이프서치 기능의 완성도를 크게 높였다.

여느 실험들이 그렇듯, 이번 실험의 목적은 새로운 검색엔진에 대한 우리의 구상이 본격적으로 추진할 만한 가치가 있는지를 확인하는 것이었다. 어느 한 부분에서 좋은 결과를 만들어내는 계획을 수립하는 것은 그리 어려운 일이 아니다. 진짜 어려운 일은 본격적인 노력과 자원을 투입할 만한 가치가 있는 계획을 찾아내는 것이다. 이번 프로젝트의 경우 몇몇 개발자는 데스크톱 클라이언트 프로그램을 컴퓨터에 별도로 설치하고 싶어 했다. 그런가 하면 지역의 행정기관에서는 반드시 결과물을 만들어내야 한다고 위협 아닌 위협을 했다.

IT 분야에서 일하는 사람들은 언제나 느끼는 것이겠지만, 일의 흐름을 가로막는 압력이 가장 낮은 쪽의 일을 하게 되는 게 일반적이다. IT 분야에서는 항상 적은 인력으로 많은 일을 해내야 하기 때문이다. 그래서 나는 되도록 단순한 형태의 결과물을 만들어내는 게 좋겠다는 판단을 내리고, 데스크톱 클라이언트 유형의 제품을 만들지 않기로 했다. 행정기관들을 설득하는 데 상급 기관까지는 내 노력으로 가능하겠지만, 개별 지역의 기관들이 상급 기관의 지침을 수용해줄지 여부는 별개의 문제였다. 그렇기 때문에 확실한 증거로 활용할 수 있는 넓은 범위의 실험은 매우 중요했다.

우리 팀의 마케팅 전문가들은 학부모의 관여를 이끌어낼 수 있는 방안을 강구하기도 했다. 그 가운데 하나가 부모들이 갖고 있는 마이크로소프트 리워드 포인트를 자녀가 다니는 학교에 기부하도록 하는 것이었다(이 리워드 포인트를 이용해 학교에서 컴퓨터를 구입할 수 있게 하자는 것이었다). 하지만 이 프로그램은 1년 정도 시행된 후에 중단되었다. 파일럿 프로그램 단계에서는 확실한 효과가 있는 것으로 나타났으나 실험 단계에서는 그렇지 않은 것으로 나타났기 때문이다. 우리가 실험을 하는 이유가 바로 이것이다. 항상 옳은 해법을 찾아낼 수는 없는 상황에서 막대한 실수를 예방하도록 해주기 때문이다.

우리가 만들어낸 새로운 검색엔진은 상당히 좋은 결과로 이어졌다. 여러 지역이 우리 실험에 참여했고, 언론에서도 좋게 다뤄주었으며, 의미 있는 긍정적인 데이터도 나왔다. 학생들의 학교에서의 검색엔진 활용은 40퍼센트, 집에서의 검색엔진 활용은 15퍼센트 증가했다. 이제 우리는 이 프로그램을 본격적으로 추진하기로 했다. 빙 인 더 클래스룸Bing in the Classroom은 이렇게 시작된 것이다. 빙 인 더 클래스룸 서비스를 시행한 첫날, 이 프로그램에 참여한 학교의 학생 수는 700만 명에 달했다. 서비스 시행 이후 분석팀에서는 QPS 수치를 계속해서 확인했고, 빙 인 더 클래스룸 버전 2를 위한 새로운 행동변화 디자인 프로세스가 시작되었다.

이와 같은 변화가 어느 정도인지 제대로 이해하려면 검색 시장의 상황을 먼저 이해해야 한다. 오늘날의 검색 시장은 경쟁이 매우 치열해 0.1퍼센트의 점유율 변화도 뉴스로 보도될 정도다. 이런 상황에서 우리는 기존 제품에 대한 간단한 개선과 학습 지도안을 통해 검색엔진 활용도를 40퍼센트나 높였다. 이는 우리가 목표로 삼는 변화를 명확히 하고, 기존의 통상적인 마케팅에 의존하지 않으며, 목표를 향해 나아가도록 해주는 개입을 효과적으로 설계했기에 가능한 일이었다. 이 시점에서 영화 〈터미네이터 2〉에 나오는 유명한 대사 "잘 가게, 친구!Hasta la vista, baby!"가 생각난다(강한 적을 이긴 다음 터미네이터가 했던 이 대사는 아널드 슈워제네거가 주지사가 된 뒤에는 방송에서 거의 사라졌다. 독자 중에는 이 대사가 반가운 사람도 있을 것이다).

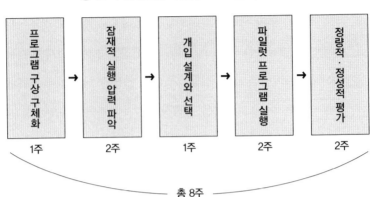

빙 인 더 클래스룸 파일럿 프로그램 개발 과정

프로그램 구상 구체화	→	잠재적 실행 압력 파악	→	개입 설계와 선택	→	파일럿 프로그램 실행	→	정량적·정성적 평가
1주		2주		1주		2주		2주

총 8주

우리가 이루어낸 성과는 구글을 자극했다. 빙 인 더 클래스룸의 성공을 다룬 보도가 나가고 여섯 달 뒤에 구글은 학생들을 대상으로 삼은 수천만 달러 규모의 광고 캠페인을 시작했다. 이것이 바로 변화의 속성이다. 우리가 어떤 일을 성공시키면 그 일의 실행을 가로막고 있던 압력이 사라지고, 우리가 했던 일을 따라 하려는 빠른 추격자가 나타난다. 다만 행동변화를 이끌어낸 동력의 본질을 제대로 이해하지 못한 상태에서 빠른 추격자 전략(패스트팔로어)은 여러 문제를 낳게 된다.

프로그램을 구상하고 최종 결과물을 만들어내기까지 약 1년의 시간에 걸친 빙 인 더 클래스룸의 개발 과정은 해피엔딩으로 마무리되었다. 여기서 개발 과정의 핵심이라 할 수 있는 '프로그램의 구상에서 파일럿 프로그램의 진행과 평가'까지는 8주의 시간이 소요되었는데, 행동변화 디자인 프로세스에서 이는 전형적인 진행 과정이다. 프로그램의 구상을 구체화하는 데 1주, 잠재적인 압력들을 파악하고 확인하는 데 2주, 개입 설계와 선택에 1주, 파일럿 프로그램의 실행에 2주, 파일럿 프로그램을 정량적·정성적으로 평가하는 데 2주, 이렇게 해서 보통 8주의 시간이 소요된다.

이제부터 행동변화 디자인 프로세스에 대해 알아나갈 것이다. 행동변화 디자인 프로세스가 무엇인지 알고 싶지 않다면 여기서 책 읽기를 멈추면 된다. 그것이 무엇인지 알고 싶다면 다음 장으로 넘어가자(이제부터는 집중해서 읽어야 한다!). 이어지는 장에서는 우선 변화의 가능성을 가늠해보는 일에 대해 논하려고 한다.

2장

변화의 가능성을
판단하라

/////////////////////////////////////

다중(평행)우주론은 SF에 자주 활용되는 소재다. 주인공이 어떤 선택을 하면 그 선택에 따른 우주가 진행되고, 그와 동시에 그 선택을 하지 않은 우주도 진행된다는 것이다. 즉 동전 던지기를 하면 앞면이 나왔을 때의 우주가 진행되고, 그와 동시에 뒷면이 나왔을 때의 우주가 진행되는데, 이 두 우주는 같은 시간대에 존재한다는 식이다. 과학자 가운데는 이와 같은 일이 실제로 일어난다고 믿는 이들도 있다. 나는 외출할 때마다 카우보이 부츠를 신는데, 같은 시간대의 어딘가에는 외출할 때 카우보이 부츠를 신지 않은 내가 존재하는 우주가 있을 수 있다는 점을 생각해보면 어쩐지 허전한 느낌마저 든다.

다중우주론을 토대로 생각해보면 이 우주에는 최적의 상태로 존재하는 우주가(유토피아 우주) 있을 것이고, 최적이 아닌 상태로 존재하는 우주도(머피의 법칙 우주) 있을 것이다. 그리고 그 두 우주 사이에 무수히 많은 우주가 뒤얽혀 복잡한 상태로 존재할 것이다. 우리가 살고 있는 우주가 유토피아의 상태로 나아가는 중이라고 생각하고 싶지만, 사실 그걸 알 수 있는 방법은 없다. 다만 우리가 살고 있는 우주가 머피의 법칙 우주, 즉 가장 나쁜 상태의 우주는 아니라는 점만큼은 분명하다. 왜냐하면 여기에서는 '치토스 플레이밍 핫Cheetos Flamin' Hot'을 맛볼 수 있기 때문이다.

다중우주론을 주장하는 과학자들이 옳다면 어딘가에는 치토스 플레이밍 핫이 없는 우주도 존재할 것이다. 그와 같은 우주에 존재하는 사람들은 그 짜릿한 맛도 느끼지 못할 테고, 그럼 우리보다는 행복도가 낮을 것이다. 치토스 플레이밍 핫이 없는 우주에 살고 있는 사람들은 치토스 플레이밍 핫이라는 가능성을 상상해내지 못했기에 덜 행복한 우주에 살게 된다. 가능성을 생각해낼 수 있는지 여부는 우리가 살고 있는 세상을 유토피아로 한 단계 더 가까이 전진시킬 수 있는지를 결정한다. 더 나은 우주와 그렇지 않은 우주를 가르는 것이 바로 가능성에 대한 상상이며, 그런 상상이 있어야 우리가 목표로 삼는 지점으로 나아가도록 해주는 개입을 설계할 수 있다.

빙 인 더 클래스룸의 경우 우리가 생각해낸 가능성은 다음과 같았다. '아이들은 검색엔진을 별로 사용하고 있지 않지만, 그들에게 나타나는 왕성한 호기심을 생각해보았을 때 지금보다 훨씬 더 많이 사용할 수 있다.' 그리고 우리가 설계한 개입들은 아이들이 검색엔진을 별로 사용하지 않는 우주에서 많이 사용하는 우주로의 진화를 이끌어냈다. 치토스 플레이밍 핫의 경우 이 제품을 만들어낼 수 있었던 것은 다음과 같은 상상이 있었기 때문이다. '라틴 사람들이 좋아할 만한 치토스를 만들어보자.'

치토스 플레이밍 핫에는 극적인 개발 이야기가 숨어 있는데, 여기서 잠깐 소개해보겠다. 이 이야기의 주역은 치토스로 유명한 프리토레이Frito-Lay 공장에서 청소부로 일하던 리처드 몬타녜스Richard Montañez다. 라틴 사람들이 좋아하는 양념 맛의 치토스가 있으면 좋겠다고 상상하던 몬타녜스는 멕시코의 길거리 음식인 엘로테 양념 맛을 첨가한 치토스를 개발해 아는 사람들에게 선보였다. 이는 일종의 파일럿 프로그램인 셈이었는데, 새로운 치토스를 먹어본 사람들의 반응은 매우 긍정적이었다. 파일럿 프로그램이 성공하자 치토스의 판매사인 프리토레이는 몬타녜스에게 제품 개발의 책임을 맡기고 더 넓은 범위의 테스트를 하도록 지원했다. 몬타녜스와 그의 팀은 최종적인 제품을 만들고 포장 디자인까지 완성한 다음 본격적인 시장테스트를 했다. 그리고 오늘날에 이르러 그가 만든 치토스 플레이밍 핫은 프리토레이의 제품 가운데 가장 잘 팔리는 것이 되었다. 이 모든 성공 스토리는 '라틴 사람들이 좋아할 만한 치토스를 만들어보자'라는 상상에서 시작된 것이다.

행동변화 디자인 프로세스는 지금보다 더 나은 우주에 대한 상상을 현실로 만드는 데 활용할 수 있는 도구이며, 자신이 생각하는 상상의 실현 가능성을 판단하고 그것이 가치를 만들어낼 수 있는지를

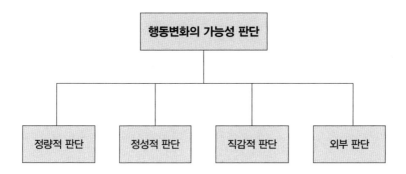

직접 확인하는 과정에서 사용된다. 가능성의 판단은 정량적 판단, 정성적 판단, 직감적 판단, 외부 판단, 이렇게 네 가지 범주에서 이루어질 수 있다.

　우선 정량적 판단은 말 그대로 데이터에 따라 이루어진다. 이는 데이터를 통해 패턴을 인식하거나(그전까지는 예상하지 못하거나 알지 못하던 상관관계를 찾아내거나), 긍정적이거나 부정적으로 나타나는 특이사항을 파악하는 방식으로 진행된다. 데이터를 다각적으로 분석하는 것은 매우 중요한 일이며, 이때 언제나 기존의 가설을 토대로 할 필요는 없다. 데이터를 분석하다 보면 그전까지 모르던 상황을 알게 될 수도 있는데, 기존의 가설을 토대로 하는 방식으로는 이런 새로운 상황을 인식해내기가 매우 어렵다. 스스로에게 커다란 제약을 거는 셈이기 때문이다. 데이터를 기반으로 가능성에 대한 정량적 판단을 할 때는 실제로 자신이 알지 못하던 것을 알게 되었음에도 이미 자신이 알고 있던 바를 확인받았다고 느끼는 경우가 많다(우리 두뇌는 합리적이거나 똑똑하다는 느낌을 받는 것을 좋아하기 때문이다).

정성적 판단은 정교한 조사와 분석을 통해 도출된 숫자가 아니라 주관적인 경험에 따라 이루어진다. 무언가를 보고 "저건 꽤 흥미로운데"라는 식으로 말하는 것이 바로 정성적 판단에 따른 결과다. 정성적 판단을 내리는 가장 좋은 방법은 다양한 사람을 많이 만나서 그들의 이야기를 듣고 행동을 관찰하는 것이다(우리가 만든 상품을 사용하는 사람의 이야기를 듣는 것도 중요하지만, 그 상품을 사용하지 않는 사람의 이야기를 듣는 것 또한 중요하다). 다양한 사람을 만나 그들의 이야기를 듣는 일이 중요하다는 것은 모두가 알고 있지만, 실제로 그렇게 하는 경우는 드물다. 샌프란시스코에 본사를 둔 헬스케어 스타트업인 클로버헬스Clover Health는 주요 고객인 노인들의 생활과 의료 문제를 파악하기 위해 직원들을 자원봉사 형식으로 시니어 타운에 파견한 적이 있는데, 이러한 전략은 큰 효과를 거둔 것으로 나타났다. 직원들에게 시장의 상황을 주입하는 방식으로는 올바른 정성적 판단이 이루어지기 어렵다. 직원들이 올바른 판단을 내릴 수 있는 환경을 만들어주어야 한다. 클로버헬스는 정량적 판단을 위한 환경도 잘 마련되어 있는데, 직원들은 누구라도 판단을 내릴 때 회사의 데이터베이스에 접근해 자료를 활용할 수 있다.

직감적 판단은 직접적인 관찰로 이루어지는 게 아니라 조직 구성원이 상식처럼 받아들이는 관념을 토대로 이루어진다. 마이크로소프트의 빙 인 더 클래스룸은 직감적 판단에서 시작되었다. 누가 교실에 가서 직접 확인해본 건 아니지만 학생들이 검색엔진을 거의 이용하지 않는다는 것을 마이크로소프트 사람들은 알고 있었고, 바로 거기에서 빙 인 더 클래스룸이 시작된 것이다. 어떤 조직에 처음 들어가면 직감적 판단에 의지할 필요가 있다. 내 경우는 새로운 조직에 처음 들어가면 1년 동안은 다른 사람들을 통제하거나 지시를 내리지 않고 그들이 하는 이야기를 듣는다. 그리고 그들의 생각이나 믿음 가운데 내가 받아들여야 할 것과 버려야 할 것을 구분한다. 그렇게 1년을 보낸 뒤에 본격적으로 책임자의 역할을 하게 되는데, 나는 부하직원들에게 회사 내 다른 부서의 사람과 점심을 먹으면서 그들이 하는 이야기를 듣고 직감적 판단에 필요한 정보를 수집할 것을 권고한다. 자신이 속해 있는 부서에서 계속 일하다 보면 그 부서 내에서만 통하는 통념을 사실로 받아들이고, 올바른 직감적 판단에 필요한 다양한 관점을 놓치기가 쉽기 때문이다.

마지막으로 외부 판단이 있다. 이는 말 그대로 자신이 속해 있는 조직의 외부에서 이루어지는 판단을 의미한다. 연구기관에서 발표한 연구 논문, 다른 산업 분야에서 나온 보고서 등이 좋은 예다. 나는 종종 일부러 대학원생들과 점심을 먹는데, 다양한 분야의 대학 연구실에서 어떤 연구가 이루어지고 있는지를 파악하는 데 도움이 되기 때문이다. 나는 대학원생들과의 점심 식사를 겸한 대화를 통해 업무에 적용할 수 있는 아이디어를 얻으려고 한다. 대학원생은 엄청난 아이디어의 원천이다. 그들은 어느 한 가지 분야의 연구에 매진하고 있지만, 자신이 아는 것을 말할 기회가 별로 없다. 이런 상황에서 그들에게 점심을 대접하면서 질문을 하면 많은 지식과 정보를 얻어낼 수 있다. 게다가 그들은 훌륭한 컨설턴트가 되어줄 수도 있다. 행동변화 디자인 프로세스를 통해 많은 것을 이루어내고자 한다면 다른 사람의 관점이나 지식을 활용할 수 있어야 하며, 그렇기 때문에 직감적 판단과 외부 판단이 중요하다.

그런데 어떤 유형의 판단을 활용하건 결론을 섣부르게 이끌어내서는 안 된다. 과학에서는 무언가가 실증적으로 확인되기 전까지는 오류의 가능성을 항상 염두에 둔다. 특히 직감적 판단과 외부 판단은 직접적인 관찰이 아니라 다른 사람들이 어딘가에서 습득한 지식이나 정보를 기반으로 이루어지기 때문에 지식이나 정보의 전달 과정에서 왜곡이 일어날 여지가 많다. 따라서 가능성에 대한 판단이 이루어진 다음에는 그 판단이 옳은 것인지에 대한 확인 작업이 필수적이다. 여기서 확인 작업이란 수렴타당도를 확인하는 작업을 의미한다. 서로 다른 경로로 얻은 증거들이 똑같은 결론을 나타내고 있다면 이때 수렴타당도가 있다고 말한다. 예를 들어 병원에서 처방전을 받은 환자가 자신에게 맞는 최적의 약국을 찾지 않는 경우가 많을 가능성이 제기되었다면, 그 가능성에 대한 판단을 여러 경로로 확인해야 한다. 환자의 처방전을 직접 분석해보고, 약사에게 질문하고, 조직의 구성원에게 의견을 묻고, 외부 자료를 찾아보는 식으로 말이다. 구글 학술 검색이나 구글 트렌드를 이용하는 것도 좋은 방법이다.

행동변화 디자인 프로세스 전반에 걸쳐 확인 작업은 매우 중요한 의미가 있다. 탁자를 만드는 일을 생각해보라. 탁자가 안정적으로 서 있으려면 네 개의 다리가 있어야 하고, 또 그것들이 적절한 간격을 두고 만들어져 있어야 한다. 사람들은 자신의 신념을 기반으로 논리를 만들고, 그러한 논리에 부합하는 증거만을 수집하거나 더 나아가 자료를 조작하기도 하는데(데이터 과학자들은 이와 같은 상황을 잘 알고 있을 것이다), 이러한 일을 막기 위해서라도 다양한 측면의 확인 작업은 꼭 필요하다. 우리 두뇌는 천성적으로 게으르고, 자신을 속이는 경우도 잦다. 우리가 무언가를 믿으면 두뇌는 그러한 믿음에 부합하는 증거만 선택적으로 수용하려는 경향을 보이는데, 믿음에 반하는 증거를 인정하고 그로 말미암아 믿음을 바꾸는 일은 꽤 큰 스트레스를 유발하기 때문이다. 이와 같은 상황에서 다양한 경로로 검증해 수렴타당도를 확인한다면 확증편향의 희생자가 되는 일은 막을 수 있다.

확증편향을 막는 효과적인 방법 가운데 하나로 여러 분야의 전문가에게 저마다의 방식으로 가능성을 확인하도록 하고, 그들을 대상으로 크로스 트레이닝을 해 서로가 서로를 검증하도록 하는 방법이 있다. 이들이 아무런 관련 없이 독립적으로 일하던 사람들이라면 검증 결과를 적당히 왜곡하고 서로 담합해 충분한 근거도 없이 너무 빠르게 결론을 만들어낼 가능성은 낮다. 클로버헬스에서 내가 맡은 팀의 경우는 정량적·정성적 판단 능력을 갖춘 팀원을 보유하고 있으며, 외부의 석박사급 연구원에게 연구비를 지원하고 그들의 의견을 구하기도 한다(다시 한 번 말하지만, 외부의 대학원생은 기업이나 조직에 좋은 친구가 되어줄 수 있다). 또한 한 주에 한 번씩 팀원과 프로젝트 매니저가 서로 모여 의견을 교환함으로써 하나의 프로젝트에 대한 수렴타당도를 확인하고 있으며, 어느 한 가지 관점에서 만들어진 가능성의 판단에 대해서는 다양한 분야의 사람들이 검토할 수 있도록 한다. 물론 그 시간은 함께 일하는 사람들 사이에 친교를 다지는 시간이 되기도 한다.

좋은 행동과학자는 영어 알파벳 T자 모양을 지니고 있어야 한다. 이는 자신의 전문 분야에서는 T자의 다리처럼 깊이 있는 지식과 통찰을 지니고 있으면서 동시에 T자의 양팔처럼 다양한 분야에 대한 관심도 가져야 한다는 뜻이다. 그래서 우리 팀은 매주 금요일에 팀원을 중심으로 모임을 열고 저마다의 전문 지식을 다른 사람들에게 전달하고 있는데, 이는 모임 참석자들의 관심과 지식 범위가 넓어지는 결과로 이어진다. 또한 모임 시간 가운데 한 시간 정도는 비슷한 전문 분야의 사람들끼리 소그룹 토론(크로스 트레이닝)을 하도록 하는데, 이는 전문 지식을 더욱 깊게 만들기 위한 조치다.

이처럼 크로스 트레이닝에 오랜 시간을 사용하는 것은 행동변화 디자인 프로세스 전반에 걸쳐 다양한 분야에서 일하는 사람들의 의견과 평가가 중요하기 때문이다. 틀린 가설에 막대한 비용을 낭비하는 일은 누구라도 막고 싶어 하지만, 어떤 가설이 옳고 그른지는 사전에 절대로 확신할 수 없는 일이다. 리스크를 낮추고, 성공적이면서 의미 있는 결과를 만들어낼 가능성을 높이려면 자료 분석, 관찰, 집단사고 등의 수단을 통해 다양한 관점에서 확인 작업을 해야 한다. 이것이 행동과학이다. 과학을 할 때는 오류를 무조건적으로 기피하려고 해서는 안 된다. 좋은 관리자는 이를 잘 알고 있으며, 직원의 올바른 판단만이 아니라 실수에 대해서도 보상한다.

의견이나 판단을 확인하는 일은 매우 중요하다. 사실 너무나도 많은 사람이 이미 결론을 내려놓고, 그러한 결론에 부합하는 정보나 조사 결과만 수용하는 방식을 취한다. 이와 같은 경향은 의견이나 판단을 제안하는 조직의 힘이 의견이나 판단을 확인하는 조직의 힘보다 훨씬 클 때 더욱 두드러진다. 또한 최소 요건 제품minimum viable product, MVP을 만들어(사전조사나 확인 과정 없이) 우선 출시부터 하고 보는 기업문화가 있을 때도 두드러진다. 이처럼 출시부터 하고 보자는 것은 제품에 대한 사람들의 실제 반응을 유일하게 유의미한 조사 대상이라고 여기기 때문이다. 하지만 이와 같은 사고는 합리적인가? 치토스 플레이밍 핫을 출시했을 때 초기에 사람들이 사 먹지 않는다면 이를 어떻게 해석해야 할까? 라틴 출신 이민자들의 시장이 그리 매력적이지 않다고 해석해야 할까? 치토스 플레이밍 핫의 마케팅에 문제가 있는 것일까? 아니면 스낵의 맛에 문제가 있는 걸까? 이와는 반대로 최소 요건 제품을 만들어 출시했는데 시장에서 인기가 좋았다면 그다음 버전의 제품을 개발할 때는 어떤 식으로 접근해야 할까? 또 그렇게 판단한 근거는 무엇인가?

좋아 보이는 아이디어를 제품화해 일단 시장에 내보내고, 막연히 좋은 결과가 나오기를 기대하는 식의 접근법으로는 우리가 바라는 행동변화에 대한 확신을 하기 어렵다. 행동변화에 대한 확신을 할 수 있으려면 변화를 위한 과학적 프로세스가 진행되어야 한다. 또한 과학적 프로세스의 핵심이 바로 의견이나 판단에 대한 확인 작업이다. 사실 최소 요건 제품을 통한 시장 접근은 창업주 중심의 기업문화에서 비롯되는 경우가 많다. 창업주의 판단으로 과감하게 리스크를 감수하는 일은 전설의 영웅담처럼 보이기는 하지만, 따지고 보면 이는 특권의식의 발호이자 도박이다. 애덤 그랜트Adam Grant는 자신의 책 《오리지널스Originals》에서 이와 같은 전설의 실체를 밝힌 바 있다. 그 외에도 많은 전문가가 창업주의 독단적인 판단에 의지하는 경영 방식의 문제점을 지적한다. 이와 같은 경영 방식에서 리스크의 감수에 초점을 맞추는 것 자체가 인지편향의 결과다. 서문에서 소개했던 영국 출신 래퍼 더 스트리츠의 노래 가사를 기억하라. 나쁜 패가 나오더라도 결국에는 게임에서 이기려면 과학적 프로세스를 활용해야 한다. 그런가 하면 권투 시합에는 이런 조언이 있다. "천천히 해야 매끄럽게 움직일 수 있고, 매끄럽게 해야 빠르게 움직일 수 있다." 행동변화 디자인 프로세스에서 지속적으로 해나가는 확인 작업은 결코 시간 낭비가 아니다.

다양한 의견의 수평적 전달

/////////////

치토스 플레이밍 핫을 개발해낸 리처드 몬타녜스를 생각해보라. 그가 이루어낸 성공 스토리는 흔하게 찾아볼 수 있는 이야기가 아니다. 그가 원래는 프리토레이 공장의 청소부였다는 사실을 알고 있는가? 그가 소외받는 소수인종 출신이라는 사실을 알고 있는가? 그런 그가 청소부로 일하던 당시 회사의 CEO에게 직접 전화를 걸어 제품 아이디어를 제안했다는 사실을 알고 있는가? 이와 같은 일이 가능했던 이유는 5만 5000명의 직원이 일하는 거대 기업인 프리토레이가 직원의 목소리를 들을 줄 아는 곳이었기 때문이다. 실제로 이런 기업은 극소수에 불과하다. 프리토레이는 새로 채용된 직원을 교육할 때 업무상 중요한 제안이 있다면 언제든지 CEO에게 전화해도 된다고 말하면서(촉진압력의 증대) CEO의 사무실 전화번호를 알려준다(억제압력의 감소).

수직적인 조직 구조를 거치지 않고 누구라도 곧바로 최고경영진에게 중요한 제안을 할 수 있도록 하는 경영 방식은 많은 이점이 있다. 리처드 몬타녜스만 하더라도 직급이나 직무와 상관없이 최고경영자에게 직접 제안할 수 있었기에 치토스 플레이밍 핫이라는 성공적인 제품을 만들어냈다. 직원들 가운데는 소비자의 진짜 욕구를 정확하게 파악하는 사람이 있으며, 이들의 제안을 경청하는 것은 경영진과 직원 양측에 모두 성공적인 결과를 만들어낼 수 있다. 지금은 프리토레이의 부사장으로 승진한 몬타녜스는 인기 강연자로도 활동 중이다. 그의 강연 주제는 일터에서 목소리를 내는 사람들이 창출할 수 있는 가치에 초점이 맞춰져 있다.

치토스 플레이밍 핫의 성공은 어쩌다 운이 좋아 만들어진 게 아니다. 프리토레이는 새로운 가능성에 대한 판단을 이끌어내는 시스템을 만들어 운용하고 있으며, 이러한 시스템이 있었기에 치토스 플레이밍 핫의 성공도 있었던 것이다. 어느 조직이든 조직 내의 커뮤니케이션과 협업을 활성화함으로써 직원들 사이에서 가능성에 대한 판단을 더 많이 이끌어낼 수 있다. 그리고 직원들의 아이디어를 수집하고 확인하는 작업에 더 많은 자원을 투입할수록 그들의 아이디어를 더 많이 활용할 수 있다. 빙 인 더 클래스룸을 개발하던 당시 나는 가능성의 판단에 대한 정량적·정성적 확인을 직접 해야만 했는데, 사실 가능성의 판단과 그에 대한 확인은 서로 다른 사람들이 하는 게 오류를 줄이는 방법이다(그뿐 아니라 나는 많은 업무를 혼자서 수행하느라 힘들어 도중에 몇 번이나 회사를 그만두려고 했다). 사람들에게 새로운 아이디어를 낼 수 있는 기회를 주고, 그와 동시에 아이디어를 확인할 수 있는 다양한 도구에 쉽게 접근하게 함으로써 행동변화 디자인 프로세스에서 최대한의 결과를 만들어내고 조직의 성과를 극대화할 수 있다.

행동변화 디자인 프로세스는 프로세스를 시작할 때 가능성에 대한 제안이 더 많을수록 성공 가능성이 더욱 커진다. 즉 행동변화 디자인 프로세스는 처음에는 행동변화에 대한 다양한 가능성이 제기되고, 우리가 성공적으로 개입할 수 있는 요인을 고려해 가능성의 폭을 점점 좁혀가는 식으로 진행된다. 시작 단계에서는 가능성을 더욱 폭넓게 열어놓고, 그러한 다양한 가능성에 대해 더 빠르고 면밀하게 확인할수록 개입을 더욱 효과적으로 설계할 수 있는 것이다. 여기서 더 많은 숫자의 개입은 더 많은 파일럿 프로그램의 실행을 의미하며, 파일럿 프로그램을 더 면밀하고 빠르게 확인할수록 유토피아 우주에 더욱 빠르게 도달하게 된다.

여기서 꼭 언급하고 싶은 사례가 하나 있다. 바로 미국의 전 대통령 버락 오바마가 추진했던 정책이다(그는 백악관에 행동과학위원회를 설치해 운용한 첫 번째 미국 대통령이기도 하다). 그는 미국의 일반 시민이 국정에 대한 아이디어를 내놓을 수 있도록 소통 창구를 개설해 운용했다. 미국 시민은 이 창구를 통해 자신이 생각해낸 가능성을 제안했고, 백악관에서는 그러한 가능성을 검토해 좋은 제안은 실제로 국정에 활용했다. 나는 오바마 전 대통령에게서 행동과학자의 모습을 보았다. 프리토레이의 청소부가 해냈던 일은 어디에서라도 일어날 수 있다!

의류회사인 보노보스Bonobos는 수평적인 제안 시스템을 운용해 직원들의 다양한 관찰과 경험을 허투루 넘기지 않는다. 예를 들어 어떤 직원이 다른 회사에서 만든 바지를 구입해 입고 있는데 바지의 종아리 부분이 너무 조여서 불편하다면 그 직원은 그러한 사실을 곧바로 다른 사람들에게 알리고, 보노보스는 그와 같은 직원의 경험을 제품 개발에 참고한다. 반면에 마이크로소프트의 스티브 발머Steve Ballmer 는 많은 직원이 모인 회의에서 어떤 직원이 애플의 아이폰을 사용하는 모습을 보고는 그 아이폰을 부수려는 듯한 몸짓을 한 적이 있다. 물론 그것은 장난이었고, 회의에서도 웃고 넘어가는 분위기였다. 하지만 그는 직원들에게 매우 잘못된 메시지를 보낸 셈이다. 나는 어떤 조직의 새로운 책임자가 되면 처음 1년 동안은 다른 사람을 통제하거나 지시를 내리지 않는다. 아울러 내 존재 때문에 조직의 객관성이 무너지지 않도록 신경 쓴다. 물론 직원들이 자사 제품만 사용하는 것도 의미가 있지만, 그들의 다른 선택을 존중하고 거기서 얻는 경험을 활용할 필요가 있다.

　종아리 부분이 너무 조이는 바지를 입어본 보노보스 직원의 경험은 매우 값진 것이다. 시장에 존재하는 다른 여러 고객도 똑같은 불편함을 겪을 테고, 그와 같은 문제점을 파악한 보노보스는 고객층을 늘리는 기회를 얻을 수 있기 때문이다. 그리고 이는 다양한 체형의 고객이 만족할 수 있는 다양한 바지를 만드는 더 나은 세상으로 발전하는 것을 의미한다. 보노보스의 직원은 시장에서 고객이 일상적으로 행하는 평가를 수집하고 회사에 그와 관련된 제안을 하는데(보노보스는 이러한 직원을 '닌자'라고 부른다), 이와 같은 직원 덕분에 고객은 더 편하게 다리를 움직일 수 있다. 직원은 본질적으로 고객과 다르지 않다. 그들은 기업 내부에 존재하는 변화의 원동력이며, 그들의 제안은 더 높은 고객 만족도로 이어진다.

프리토레이의 경영자라면 어떤 맛의 스낵을 좋아하는지 직원에게 물어봐야 한다. 마이크로소프트의 경영자라면 직원과 수시로 소통하며 그들이 자유롭게 자기 생각을 표출할 수 있도록 해야 한다. 보노보스의 경영자라면 직원에게 피팅 모델이 되어달라고 요청하고(보노보스에는 온갖 체형의 직원이 다 있을 것이다) 옷에 대한 그들의 의견을 청취해야 한다. 어느 회사의 경영자라도 내일 당장 쉽게 실천할 수 있는 일이 있다. 바로 회사의 청소부와 대화를 나누는 것이다. 어쩌면 지금 회사가 겪는 문제에 대한 해결의 실마리가 거기에서 발견될지도 모르는 일이다.

어떤 가능성을 생각해내는 것은 본질적으로 재미있는 일이고, 그것은 인간의 본능이다. 앞으로 맞이할 더 나은 세상을 구체적으로 상상하는 능력이 있기에 우리는 현재를 견뎌낼 수 있다. 아직은 현실이 되지 않은 우주라 하더라도 우리가 구체적으로 상상할 수 있다는 것은 그런 우주가 매우 가까이 와 있음을 의미하고, 그러한 우주에 도달하기 위해 노력할 수 있는 힘은 바로 가능성에 대한 상상에서 나온다. 치토스 플레이밍 핫을 생각해보라. 그와 같은 맛의 치토스는 전에 없던 것이지만, 더 맛있는 스낵에 대한 상상으로 이제 사람들은 새로운 맛의 치토스를 먹을 수 있게 되었다.

가능성을 상상할 때는 그것을 현실화할 수 있는 방법에 초점을 맞추기보다는 행동에 맞춰야 한다. 해결 방법을 찾는 게 아니라 문제에 초점을 맞춰야 하는 것이다. 치토스 플레이밍 핫의 경우도 라틴 사람들은 치토스를 별로 먹지 않는다는 문제에 초점을 맞췄기에 세상에 나올 수 있었다. 슬림핏이면서도 종아리가 굵은 사람에게 잘 맞는 바지도 필요하다. 이와 같은 문제를 해결하는 방법에는 여러 가지가 있을 텐데, 이때 필요한 것이 행동목표의 정립이다. 개입 설계를 본격적으로 다루기에 앞서 다음 장에서는 행동목표에 관해 논해보려고 한다.

3장

행동목표를
정하라

//

//////////////////////////////////////

나는 사람들에게 요리해주는 걸 좋아하지만 음식을 썩 잘하는 편은 아니다. 사람들이 많이 먹어주기를 기대하며 음식을 잔뜩 만들지만, 솔직히 말하면 그렇게 맛있게 만들어내는 것 같지는 않다. 가끔 내 요리를 맛본 진짜 요리사 친구들은 괜찮은 평가를 내려주기도 하지만, 그건 사실 위로에 가깝다. 한 번은 음식 블로그를 운영하는 한 친구가 내가 만든 카레를 먹어보더니 정말로 훌륭한 태국 카레라고 칭찬해준 적이 있는데, 내가 만들려고 했던 것은 사실 인도 카레였다. 하지만 칭찬해주는 친구에게 그런 사실을 말할 수는 없었다.

그런데 그 카레 요리는 실패작은 아니었다. 왜 그럴까? 내가 만들려고 했던 요리가 인도 카레이기는 했지만, '훌륭한 인도 요리를 만든다'는 게 나의 행동목표는 아니었기 때문이다. 내가 목표로 삼았던 것은 친구들과 함께 시간을 보내고, 즐거운 대화를 나누고, 함께하는 시간에서 서로가 서로에게 웃음을 건네도록 하는 것이었다. 요리는 그러한 목표의 수단에 불과했다. 내가 만든 음식이 잘 만들어진 태국 음식이든, 아니면 잘못 만들어진 인도 음식이든 친구들과 함께 즐거운 시간을 보냈다면 아무 상관 없었다(아예 못 먹을 음식이 만들어졌다 하더라도 그 음식 때문에 즐거운 시간이 만들어졌다면 그건 그것대로 성공적인 셈이다).

어떤 개입의 성공 여부는 행동목표를 어떻게 설정하느냐에 달려 있다. 내 행동목표가 인도 카레를 만드는 것이었다면, 태국 카레라는 평가를 받았던 그 요리는 실패작일 것이다. 하지만 행동목표가 친구들과 즐거운 시간을 보내는 것이었다면 그 요리 덕분에 친구들과 즐거운 시간이 만들어지는 한 그 요리는 성공작이다. 이 책의 목표가 행동변화를 중심으로 행동변화 디자인 프로세스를 만드는 법을 알려주는 것이라면 먼저 우리가 바라는 행동변화가 무엇인지부터 정립하는 게 순서다. 중요한 것은 목표이고, 바로 거기에서부터 출발점이 되어야 한다(나는 이 책을 진행하는 동안 이와 같은 개념을 계속해서 강조하고자 한다).

우리가 만들려는 우주 모습이 어떤 것인지, 우리가 추구하는 행동목표가 무엇인지 구체적으로 기술할 필요가 있다. 우리가 지향하는 우주의 구체적인 묘사는(이는 가능성에 대한 판단과 확인을 거쳐 만들어진다) 행동변화 디자인 프로세스를 만들어내는 가장 기본적인 토대가 된다.

 행동목표를 구체적으로 정립해야 하는 이유가 무엇인지 알아보기 위해 다시 빙 인 더 클래스룸의 개발 과정에 관한 이야기를 해보려고 한다. 당시 마케팅 쪽에서는 아이들의 호기심을 자극하는 광고 캠페인을 해야 한다는 생각을 확고하게 하고 있었다. 그들은 광고 캠페인의 효과를 지나치게 확신한 나머지 우리가 진짜로 추구해야 하는 목표가 무엇인지는 잊은 것처럼 보였다. 기업에서 일하는 사람들은 이와 같은 상황에 익숙할 것이다. 이는 오늘날의 기업들에서 가장 흔하게 일어나는 실수 가운데 하나이기 때문이다.

 최종적인 목표가 아니라 목표에 도달하는 과정의 어느 일부분에 매몰되는 경향은 인간의 자연스러운 심리 작용이기는 하다. 우리는 인지 자원의 대부분을 지금 현재 일어나는 일에 투입하고(행동해야 하는 인간으로서 이는 당연한 일이다), 먼 미래에 일어날 수 있는 어떤 결과보다는 지금 해야 하거나 할 수 있는 행동에 관심을 집중한다. 결과보다는 과정이나 수단에 더 몰입하고, '왜'보다는 '무엇을'과 '어떻게'에 관심을 더 두는 것이다. 사실 지금 할 수 있는 행동은 현실의 영역에 있지만, 미래에 일어날 수 있는 결과는 상상의 영역에 있기에 거리감을 가질 수밖에 없다. 그래서 행동변화 디자인 프로세스 같은 시스템이 중요하다. 이와 같은 시스템은 본능적인 경향에 휩쓸리지 않고, 추구해야 하는 목표에 집중하게 함으로써 결국은 더 합리적인 판단을 내릴 수 있도록 도와주는 기능을 한다.

 여기에서 구체적으로 정립된 행동목표는 행동변화 디자인 프로세스의 핵심이다. 일반적으로 행동목표는 다음 문장에 나타나 있는 다섯 가지 변수를 포함하며, 이 각각의 변수는 충족과 불충족이라는 2진법적 판단을 따른다.

어떤 [집단]의 사람들이 [욕구]를 갖고 있을 때 그들이 [특정 외부 조건]을 갖고 있다면, 그들에게 [행동]에 나서도록 하고 이를 [데이터]로 평가한다.

이 문장의 괄호 부분에 들어 있는 것들이 행동목표를 구성하는 중요한 다섯 가지 변수다. 이어지는 부분에서 각각의 변수를 풀어서 설명하겠다.

집단 = 우리가 행동변화를 이끌어내고자 하는 대상 집단

욕구 = 대상 집단의 사람들이 행동변화에 참여하는 이유

외부 조건 = 행동을 가능하게 하는 사전 조건. 우리의 통제 범위 바깥에 있다는 의미에서 외부 조건이라고 부른다.

행동 = 욕구와 외부 조건을 가진 사람들이 하는 행동. 이는 우리가 의도하는 행동이어야 하고, 정량적으로 측정할 수 있는 것이어야 한다.

데이터 = 사람들의 행동변화를 정량적으로 나타낸 데이터

이들 변수는 2진법, 즉 0과 1 또는 '그렇다'와 '아니다'로 나타낼

수 있는 것이어야 한다. '어떤 집단에 속해 있다/속해 있지 않다', '무언가를 원한다/원하지 않는다', '외부 조건을 충족한다/충족하지 않는다', '어떤 행동을 한다/하지 않는다', '정량적인 증거가 있다/없다'와 같은 식으로 말이다.

실제 현장에서 행동목표는 어떤 식으로 작용할까? 여기서는 우버의 사례를 소개하려고 한다. 우버는 창업 초기부터 자신들의 행동목표를 명확하게 정립해두었고, 이는 우버의 커다란 성공을 가능하게 해준 주요한 요인 가운데 하나라 할 수 있다.

우선 말해둘 게 있다. 우버의 창업자 트래비스 캘러닉은 나쁜 사람이다. 회사의 경영자이면서 회사 내에서 성차별이나 여성 멸시를 근절하기 위해 적극적인 조치를 하지 않는 사람은 비난받아 마땅하다. 이제 캘러닉은 우버의 CEO가 아니지만, 여전히 우버의 주요 주주 가운데 하나이고 우버 이용자가 지불하는 돈의 일부는 그의 주머니로 들어간다. 여기서 행동변화의 성공적인 사례로 우버를 소개하고 있긴 하지만, 그렇다고 해서 우버라는 기업 자체를 좋아할 필요는 없다. 오히려 진지하게 이야기하는데, 승차 공유 서비스가 필요할 때는 트래비스 캘러닉이 만든 서비스를 이용하지 말고 새로 나온 리프트 Lyft를 이용하기를 권한다.

우버는 원래 샌프란시스코에서 사람들의 수송 문제를 해결하기 위해 만든 서비스였다. 수많은 인터넷 기업이 샌프란시스코에 생겨나면서 엄청난 규모의 인구가 유입되었지만, 샌프란시스코의 철도 시

우버의 행동목표와 5가지 변수

집단Population	=	사람들(일반 시민)
욕구Motivation	=	A 지점에서 B 지점으로 가고 싶다
외부 조건Limitations	=	인터넷 사용이 가능한 스마트폰과 전자결제 수단을 갖고 있고, 샌프란시스코에 거주하는 것
행동Behavior	=	우버를 이용한다
데이터Data	=	우버 이용 횟수

스템은 수송 능력이 제한적이었고 택시를 잡는 것은 너무나도 힘든 일이었다. 이러한 상황에서 사람들 사이에 새로운 욕구가 강하게 생겨났고, 그 기회를 잡았던 게 바로 우버였다. 창업 초기 우버가 가진 행동목표를 행동변화 디자인 프로세스 방식으로 기술한다면 다음과 같을 것이다.

사람들이 A 지점에서 B 지점으로 가고 싶을 때, 그들이 인터넷 사용이 가능한 스마트폰과 전자결제 수단을 갖고 있고 샌프란시스코에 거주한다면 그들에게 우버를 이용하도록 한다(그리고 이를 우버 이용 횟수로 평가한다).

이것이 전형적인 행동목표다. 잘 만들어진 행동목표는 구체적이고 이해하기도 쉽다. 그리고 행동목표의 변수들은 2진법적으로 판단할 수 있기 때문에 판단의 오류를 최소화하게 된다. 물론 구체적이고 이해하기 쉬운 행동목표를 작성하는 작업이 쉬운 일은 아니다. 어쩌면 생각보다 많은 고민과 시간이 필요할 수도 있다. 하지만 이는 중요한 작업이며, 그만한 가치가 있다. 잘 만든 행동목표는 커다란 성공의 출발점이 되기 때문이다.

이어지는 부분에서는 우버의 행동목표에 나타난 변수들을 하나씩 살펴보기로 하겠다.

집단 = '사람들(일반 시민)'

우버는 누구라도 사용할 수 있는 앱이다. 스마트폰을 사용할 줄만 안다면, 사람이 아닌 동물이라 하더라도 우버의 서비스를 이용할 수 있다.

이는 두 가지 면에서 우버를 아주 특별하게 만들어준다. 첫째, 대부분의 제품이나 서비스는 상대적으로 작은 규모의 잠재고객 집단이 있을 뿐, 그 밖의 사람들에게는 아무런 의미를 갖지 못한다. 우버와 같이 지구상의 모든 사람을 잠재적인 고객으로 둘 수 있는 제품이나 서비스는 매우 드물다. 둘째, 보유 자원이 상당히 제한적인 스타트업의 경우는 행동목표의 대상 범위를 좁게 가져가는 게 일반적이지만, 우버는 처음부터 범지구적인 규모의 서비스를 고려했다. 샌프란시스코의 스마트폰 택시 회사 정도를 상정한 게 아니었다. 실제로 우버는 창업 초기부터 아주 다양한 사람이 서비스에 관여했다(하지만 더는 그렇게 되지 않을 듯하다). 치토스 플레이밍 핫을 만든 리처드 몬타네스의 경우는 행동변화를 이끌어내고자 하는 대상 집단이 라틴 사람이었고, 빙 인 더 클래스룸을 개발하던 당시의 내 경우는 대상 집단이 미국의 초중고 학생이었다.

욕구 = 'A 지점에서 B 지점으로 가고 싶다'

우버는 사람들의 욕구를 매우 간결하게 정리했다. A 지점에서 B 지점으로 가고자 하는 것은 사람이 있는 곳이라면 어디에서나 만들어질 수 있는 일반적인 욕구다. 앞부분에서 우버의 서비스 대상 집단에는 그 누구라도 들어갈 수 있다고 말했는데, 우버가 정립한 사람들의 욕구 역시 어떤 장소, 어느 시간대에서라도 발생할 수 있는 성격의 것이다. 물론 출퇴근 시간대에는 이 욕구가 더 늘어나고, 새벽 세 시에는 이 욕구가 급격히 줄어드는 식으로 변화하기는 하겠지만, 한 장소에서 다른 장소로 가고자 하는 사람들의 욕구는 1년 내내 날씨에 상관없이 발생한다.

우버가 정립한 사람들의 욕구에는 또 하나의 일반성이 있다. 바로 자동차 이용이라는 일반성 말이다. 도시에 살고 있는 사람이라면 다양한 유형의 자동차를(택시를 포함해) 이용하는 데 이미 익숙해 있고, 이런 사람들에게 우버 서비스를 이용하도록 설득하는 것은 그리 어려운 일이 아니다. 물론 세부적으로는 사람들마다 이동 시간, 안전, 차창으로 보이는 풍경 등의 다양한 이유로 애용하는 운송 수단이 있을 터이다. 하지만 이와 같은 다양성은 자동차 이용이라는 일반성 아래에 존재하는 것이고, 금세 바뀔 수 있다.

우버가 찾아낸 이와 같은 간결하면서도 일반적인 사람들의 욕구는 우버의 초기 성공을 가능하게 한 원동력이었다. 사람들의 욕구를 정확하게 집어내는 일의 중요성은 종종 간과되곤 하지만, 이는 비즈니스의 초기 방향성을 잡는 데 꼭 필요한 것이다.

외부 조건 = '인터넷 사용이 가능한 스마트폰과 전자결제 수단을 갖고 있고, 샌프란시스코에 거주하는 것'

이 변수는 우버의 행동목표 가운데 가장 까다로운 부분이다. 2009년만 하더라도 스마트폰 사용자가 그렇게 많지 않았고, 스마트폰 사용자 중에서도 전자결제 수단을 이용하는 사람의 비율은 매우 낮았다. 2009년 당시 미국의 성인 가운데 전자결제 수단을 이용하는 사람의 비율은 15퍼센트에 불과했다.[1]

하지만 스타트업 시절의 우버는 모든 사람이 전자결제 수단을 이용하고 우버의 고객이 될 거라고 기대하지는 않았다. 우버는 추가적인 투자금 조달에 필요한 미래의 가능성을 보여주는 것으로 충분하다고 판단했고, 새로운 기술의 수용에 가장 적극적인 도시 샌프란시스코는 우버의 미래 가능성을 보여주기에 최적의 도시였다.

행동목표에 나오는 변수는 모두 2진법으로 판단할 수 있는 것이며, 이는 외부 조건이라는 변수에서도 마찬가지다. 누군가가 스마트폰을 갖고 있느냐 그렇지 않느냐, 누군가가 전자결제 수단을 갖고 있느냐 그렇지 않느냐, 누군가가 샌프란시스코에 살고 있느냐 그렇지 않느냐 등으로 판단할 수 있으며, 앞에서도 언급했듯이 외부 조건이라는 변수는 우버의 통제 범위 바깥에 있는 것이다. 무언가를 하지 못하게 만드는 압력을 외부 조건이라고 인식하는 경우도 있는데, 이는 잘못된 인식이다. 사람들이 우버를 이용하는지 여부를 결정하는 것은 지불 방식이며, 따라서 지불 방식이 변수가 된다. 그리고 우버의 개입으로 사람들의 서비스 이용 빈도는 더욱 늘어날 수 있다.

여기서 말하는 외부 조건에는 우리가 주도적으로 만들어낼 수 있는 성격의 조건은 들어가지 않는다. 예를 들어 '사람들이 우버 앱을 설치해놓고 있다'는 우버 이용의 전제 조건이기는 하지만, 외부 조건은 아니다. 우버 앱의 설치는 우버의 마케팅 활동으로 이끌어낼 수 있는 조건이기 때문이다. 반면에 '사람들이 스마트폰과 전자결제 수단을 갖고 있고, 샌프란시스코에 거주한다'는 외부 조건이다. 우버가 사람들에게 스마트폰을 사주고, 전자결제 수단을 만들어주고, 샌프란시스코로 이주시켜 줄 수는 없는 일이기 때문이다. 다시 한 번 말하지만, 외부 조건은 우리의 통제 범위 바깥에 있는 조건을 의미한다.

행동/데이터 = '우버를 이용한다'/'우버 이용 횟수'

우버 행동목표의 핵심이 바로 사람들에게 우버를 이용하도록 하는 것이고, 이는 정량적으로 측정할 수 있다. 고객의 우버 이용 횟수는 우버 측에서 별도로 집계할 필요 없이 실시간으로 확인할 수 있는데, 이는 우버에 큰 보너스인 셈이다. 우버에서는 앱 설치나 앱 오픈 같은 다양한 고객 데이터를 추적하고 있지만, 이 행동목표의 데이터는 자동으로 정확하게 집계되고 실시간으로 알 수 있다.

조직의 행동목표를 직접 만들어보면 알겠지만, 이와 같은 경우는 아주 드물다. 예를 들어 치토스 플레이밍 핫이 특정 기간에 몇 봉이나 팔렸는지 정확하게 집계하기란 매우 어려운 일이다. 내 경우는 이 책의 판매 부수에 따라 인세를 받는데, 특정 기간의 판매 부수를 정확하게 집계하고 확인하는 일은 불가능에 가깝다. 해당 기간에 판매를 위해 서점으로 운송 중인 책도 있을 터이고, 서점에서 팔리지 않아 반품되는 책도 있을 터이다. 게다가 이미 책을 구매한 사람들 가운데 몇 명이나 구매 취소를 할지도 정확하게 알 수 있는 방법이 없다. 기업이 인터넷 활용을 선호하고 인터넷이 발전하게 된 요인 가운데 하나가 바로 이것이다. 인터넷 덕분에 데이터를 집계하고 행동변화에 필요한 피드백 루프feedback loop를 만들어내는 일이 용이해졌다.

/////////// **행동목표를 정할 때 자주 저지르는 실수**

우버의 행동목표는 단순하고 이해하기 쉽다. 하지만 이처럼 단순하고 이해하기 쉬운 행동목표를 만들어내는 일은 결코 쉽지 않다. 좋은 행동목표를 기술하는 일은 행동변화 디자인 프로세스 전체 과정에서 어쩌면 가장 까다로운 단계일 수 있으며, 이 과정에서 특히 조심해야 할 사항이 몇 가지 있다. 이어지는 부분에서는 이에 관해 논해보려고 한다.

행동 선택의 실수

행동목표의 행동을 선택할 때 부주의하게 실수를 저지르는 일이 잦다. 예를 들어 좋은 문구 그 자체에 매몰되어, 행동목표를 기술하는 게 아니라 비전을 기술하는 것이다. 한때 마이크로소프트의 비전은 '모든 사무실과 가정에서 마이크로소프트의 소프트웨어가 구동되는 컴퓨터'였다. 나는 이 비전을 매우 좋아하고, 이 비전이 만들어낸 세상의 변화는 매우 훌륭한 것이었지만(그리고 그 변화는 지금도 진행 중이다), 이러한 비전을 행동목표로 삼는 것은 부적절하다.

왜 그럴까? 컴퓨터의 존재는 행동이라 보기도 어렵지만, 설사 이를 행동으로 본다 하더라도 컴퓨터나 소프트웨어의 구매는 일회성 행동에 그치는 것이기 때문이다. 이 비전을 현재 시점의 행동목표로 삼았을 때 일어날 문제점을 제대로 이해하려면 비전이 실현된 상황을 상상해보는 게 도움이 된다. 모든 사무실과 가정에 마이크로소프트의 소프트웨어가 탑재된 컴퓨터들이 있는 상황을 상상해보라. 그런데 그 컴퓨터들이 아무도 사용하지 않아 먼지가 쌓인 채 방치되어 있다면 어떨까. 마이크로소프트의 소프트웨어가 탑재된 컴퓨터들이 모든 사무실과 가정에 존재하기는 하지만, 아무도 사용하지 않는다면 이러한 비전은 아무런 의미가 없다. 제대로 된 행동목표에는 어떤 상태가 아니라 행동이 들어가야 한다. 그리고 그 행동은 정량적으로 측정할 수 있는 것이어야 한다.

도대체 이게 무슨 소리냐고 생각하는 사람도 있을 테지만, 지난 십몇 년 동안 마이크로소프트가 겪었던 혼란을 생각해보면 행동목표가 얼마나 중요한지 이해될 것이다. 그전까지 마이크로소프트는 오피스 제품의 판매와 매출을 중심으로 사업을 진행했다. 그리고 마이크로소프트 오피스의 매출을 늘리기 위해 가정이나 학교 사용자들은 거의 사용하지 않고 관심도 없는 복잡한 기능을 첨가하는 데 개발 역량을 집중했다. 예를 들어 엑셀의 매크로 기능을 더욱 강화해 재무분석에 활용하기 좋도록 만들거나, 워드의 마크업 언어 기능을 개선하거나 하는 식이다. 아마 이 글을 읽는 독자 가운데는 매크로나 마크업 언어가 뭔지 모르는 사람도 많을 것이다. 이런 기능은 일반 사용자를 위해 만든 게 아니기 때문이다. 여기에 관심을 보이는 건 대부분 기업 고객이다.

게다가 마이크로소프트의 판매 담당자는 기업 고객에 대한 매출에 따라 인센티브를 받았다. '마이크로소프트의 소프트웨어가 구동되는 컴퓨터'라는 비전을 추구하는 경우 컴퓨터의 주요 수요처는 기업이기 때문에 기업에 대한 판매에 관심과 역량을 집중하는 건 당연한 일이었다.

그런데 마이크로소프트 오피스의 주요 수요처이던 기업에서 소프트웨어 사용 행태에 변화가 발생하기 시작했다. 이제 업무 담당자가 사무실에 있는 컴퓨터에 설치된 소프트웨어를 사용하지 않기 시작한 것이다! 마이크로소프트가 이와 같은 행동변화에 주목하지 않은 사이에 구글은 구글 독스Google Docs를 출시했다. 시장 상황이 이렇게까지 변하자 마이크로소프트는 판매 중심에서 사용 중심으로 전략을 수정하고(영업팀의 전략도 함께 수정되었다!) 오피스365를 출시했다. 오피스365는 합리적인 요금을 부과하기 때문에 재무나 웹 편집 담당자가 아니더라도 충분히 매력을 느낄 만한 제품이다.

이 책의 담당 편집자에게 마이크로소프트 이야기를 너무 많이 한다는 지적을 받았지만, 이 기업의 이야기를 하나 더 하려고 한다(나는 마이크로소프트가 잘못했다는 말을 하는 게 아니다. 나는 마이크로소프트의 주식을 꽤 갖고 있으며, 이곳에서 일했던 시기를 즐거웠던 때로 기억한다). '모든 사무실과 가정에서 마이크로소프트의 소프트웨어가 구동되는 컴퓨터'라는 비전으로 다시 돌아가 보자. 이러한 비전을 어떻게 실현할 수 있을까? 컴퓨터 판매가를 최대한 낮추면 가능할까? 실제로 마이크로소프트는 인텔과 협력해 넷북•을 개발했다. 최소 사양을 적용해 판매가를 최대한 낮춘 컴퓨터였다. 이 새로운 전략은 처음에는 효과가 있었다. 오피스 판매량도 증가했고, 2008년에는 역사상 처음으로 노트북 컴퓨터의 판매량이 데스크톱 컴퓨터의 판매량을 넘어서기도 했다.

하지만 문제는 금세 나타났다. 2007년의 넷북 성능은 2001년의 노트북 컴퓨터 수준에 불과했기에 매우 저렴한 가격을 생각하면 구입하기는 쉬워도 사용하기는 어려운 기기였다. 윈도우의 기능이 아무리 좋아도 그걸 넷북으로 구동하면 사용자의 사용 경험은 고문에 가까웠고, 이는 마이크로소프트에 심각한 문제였다. 넷북 사용자 대부분은 넷북의 성능이 떨어진다고 생각하기보다는 마이크로소프트의 OS를 부정적으로 생각했다. 그 무렵 출시된 윈도우 비스타에 대해서는 그야말로 모든 사람이 부정적인 평가를 내렸고, 지금도 윈도우 비스타라고 하면 치를 떠는 사람이 많다. 성능이 떨어지는 넷북을 구입한 수억 명의 사용자 때문에 마이크로소프트는 후속 OS인 윈도우 8과 윈도우 10의 출시를 뒤로 미뤄야 했을 정도다.

사무실과 가정에 존재하는 컴퓨터와 소프트웨어의 판매량에 집중하느라 마이크로소프트는 컴퓨터 사용이라는 행동 그 자체에 대한 시각을 잃어버렸다. 애플의 경우는 자사 OS에 부합하지 않는 저사양의 컴퓨터는 절대로 팔지 않는다. 따라서 애플의 사용자는 답답한

---

* 인터넷 사용이나 간단한 문서 작업이 가능한 저사양 노트북 - 옮긴이

사용 경험 때문에 애플의 하드웨어나 소프트웨어에 대해 부정적으로 느끼는 경우가 드물다. 신제품 맥북이나 아이폰을 구입한 사용자는 언제나 쾌적한 사용 경험을 즐기게 된다. 이는 애플이 컴퓨터 사용이라는 행동 그 자체에 집중하기 때문이다.

마이크로소프트는 이번에도 적절한 해법을 찾았다. 최신 버전의 윈도우를 쾌적하게 구동할 수 있는 서피스 라인을 출시한 것이다. 나는 마이크로소프트에서 일하는 동안 회사의 이 같은 대응을 지켜보았고, 그 결과 회사 주가가 5배로 오르는 것도 보았다. 컴퓨터의 사용에 집중하는 문화는 마이크로소프트 전반으로 확산되었다. 사티아 나델라Satya Nadella 회장 이후 마이크로소프트는 그전과는 다른 새로운 기업으로 변신했다. 이제 마이크로소프트는 좋은 행동을 발굴해 그에 대해 보상하는 식으로 기업을 경영한다.

아무런 행동도 선택하지 않는 실수

잘못된 행동을 선택하는 것보다 더 나쁜 실수는 아무런 행동도 선택하지 않는 것이다. 바로 행동이 빠진 추상적이고 모호한 행동목표를 만들어내는 경우인데, 주로 마케팅이나 제품 개발을 중시하는 경영진이 주도한다. 이러한 행동목표는 전형적으로 '우리 일은 고객에게 우리 제품을 사랑하도록 만드는 것이다'와 같은 유형으로 기술된다.

사랑이라니, 그건 물리적으로 관찰할 수도 없고, 정량적으로 측정할 수도 없다. 이처럼 행동이 빠진 행동목표를 추구한다면 어떤 기업이든 2000년대에 들어 마이크로소프트가 겪었던 혼란을 똑같이 겪게 될 것이다. '고객이 우리 제품을 사랑해서 구입해주었다'는 것은 시장 성공에 대한 사후적인 해석일 뿐이다.

고객의 사랑은 정량적으로 측정할 수가 없기에 우리가 행한 특정 개입이 고객의 사랑을 얼마나 증가시켰는지 확인할 수가 없다. 그리고 특정 개입에 대해 정량적이고 객관적인 평가를 하지 못하면 전체 행동변화 디자인 프로세스는 엉망이 되어버리고 만다. 마케팅팀이 수백만 달러의 마케팅비를 지출해 고객의 사랑을 증가시켰다고 주장하는 상황에서 개발팀이나 영업팀이 다른 해석을 내놓아 조직 내 충돌이 발생하는 식이다. 구체적인 행동이 빠진 행동목표는 조직에 혼란만 불러오게 된다.

행동목표를 소극적으로 정하는 실수

나는 공격적으로 말하는 유형의 인간이다. 이 책에서도 그러한 점이 곳곳에서 드러날 것이다. 이것도 어찌 보면 성격 결함이라 할 수 있는데, 행동목표를 기술할 때는 그렇게 공격적이고 과감할 필요가 있다. 그래야 행동목표를 실현할 가능성이 더 커지기 때문이다.

우버의 행동목표는 A 지점에서 B 지점으로 가고 싶어 하는 사람들이 언제나 우버를 이용하는 세상을 설명한다. '언제나'라는 점을 생각해보면 무척이나 담대한 목표다. 오늘날 사람들이 이용할 수 있는 운송 수단은 여러 가지가 있는데, 자동차가 언제나 최적의 운송 수단이 되는 것은 아니다. 교통 정체, 온실가스 방출, 주차비 같은 문제로 자동차가 아닌 다른 운송 수단을 선호하는 사람도 적지 않다. 이러한 문제는 사람들에게 자동차를 이용하지 못하게 하는 압력으로 작용한다. 그런데도 왜 우버는 '언제나'라는 개념이 들어 있는 높은 수준의 목표를 설정한 걸까?

그래야 목표에 도달할 가능성이 더 커지기 때문이다. 축구 경기를 한다고 가정했을 때 통상적인 계획 체계에서는 다음과 같이 물어볼 것이다. "우리가 지금 여기에 있는데, 어떤 플레이를 해야 공을 상대편 골대 가까이 가져갈 수 있을까?" 하지만 나는 이렇게 물어보라고 하고 싶다. "골을 넣고 우리가 승리하는 상황을 생각해보자. 이와 같은 상황을 현실로 만들려면 어떤 플레이를 해야 할까?" 언뜻 생각하기에 두 질문은 서로 비슷하게 들린다. 두 질문 모두 현재의 상황이 있고, 추구하고자 하는 상황이 있다. 우리가 지금 있는 곳은 여기인데, 가고 싶은 곳은 저곳인 것이다. 하지만 심리학의 기점화와 조정이라는 개념을 통해 생각해보면 이 두 질문은 서로 다른 사고방식을 만들어낸다.

미국 뉴욕에 있는 자유의 여신상은 10피트보다 더 클까, 아니면 더 작을까? 이 질문은 쉽다. 당연히 10피트보다는 더 크다. 그렇다면 10피트보다 얼마나 더 클까? 누군가가 이 질문에 대해 "100피트 정도 더 크다"는 답을 했다고 해보자.

이번에는 다른 사람에게 이렇게 물어보겠다. 자유의 여신상은 1000피트보다 더 클까, 아니면 더 작을까? 누군가가 이 질문에 대해 "1000피트보다 500피트 더 작다"는 답을 했다고 해보자. 이 두 사람의 답은 100피트와 500피트로 크게 달랐다. 그리고 답이 이렇게 다르게 나타난 이유는 질문의 기점이 다르기 때문이다. 질문의 기점을 10피트로 정하느냐, 아니면 1000피트로 정하느냐에 따라 답에 대한 응답자의 인식은 크게 달라질 수 있다.•

목표를 수립할 때도 마찬가지다. 목표의 기점을 어떻게 정하느냐에 따라 목표 달성을 위한 개입에 영향을 끼치게 된다. 애플이 아이팟을 개발하면서 그 기점을 소니의 디스크맨 정도에 두었다면, 아이팟은 사람들의 음악 감상에 영향을 끼치는 수준에서 변화를 멈추었을 터이다. 우버의 경우는 서비스를 개발하면서 그 기점을 택시 회사를 보완하는 수준에 두지 않았다. 그들은 완전히 다른 세상을 꿈꾸었다. 행동목표를 정할 때는 소극적으로 하면 안 된다. 과감해져야 한다.

최초의 행동목표에 집착하는 실수

행동목표의 진화를 거부하는 경우도 있다. 시장 환경의 변화에 따라 기업도 변해야 하고, 이에 맞춰 행동목표에도 변화를 주어야 하는

• 자유의 여신상 높이는 305피트(약 93미터 – 옮긴이)다. 독자를 위해 내가 직접 찾아보니 이런 숫자가 나왔다. www.howtallisthestatueofliberty.org.

상황은 언제든지 발생할 수 있는데 맨 처음의 행동목표에 집착하는 것이다. 또한 담대하게 설정한 행동목표를 실제로 이루어내는 경우가 있는데, 이런 경우에는 행동목표를 더 크게 설정해야 한다.

사실 지금 언급하는 우버의 행동목표는 이미 과거의 행동목표다. 현재 시점에서 우버의 행동목표는 최초의 것과 크게 달라졌으며, 앞으로도 계속해서 진화할 것이다. 이는 성장기업에서 드문 상황이 아니다. 성장기업은 사업의 범위와 규모가 계속해서 변화하므로 행동목표 역시 계속해서 진화시켜야 한다.

지금 이 글을 쓰는 시점에서 우버의 새로운 행동목표는 다음과 같이 정리할 수 있다.

> 사람들이 A 지점에서 B 지점으로 무언가를 운송하고 싶을 때, 그들이 인터넷 사용이 가능한 기기를 갖고 있고 전 세계 도시 지역에 거주한다면 그들에게 우버를 이용하도록 한다(그리고 이를 우버 이용 횟수로 평가한다).

이는 최초의 행동목표와 비교했을 때 커다란 변화다. 새로운 행동목표를 보면 우버는 글로벌 물류 서비스 기업으로 도약할 것을 목표로 삼았음을 알 수 있다. 우버가 지향하는 서비스를 제공하고자 하는 운전자가 이미 충분히 많으며, 사람만이 아니라 음식이나 물건에 대해서도 수요에 맞춰 운송할 수 있는 상태다. 사람을 대상으로 삼는 운송 서비스를 넘어 종합 물류 서비스를 제공하는 방향으로 행동목표를 확장한 것이다.

이는 엄청난 진화다. 우버 서비스의 범위를 대폭 넓힘으로써 우버 운전자는 소득을 증대할 기회를 얻었으며, 이제는 기업 고객도 비용 절감을 위해 우버의 서비스를 이용할지를 고려한다. 우버 역시 미래의 성장 가능성을 더욱 높이는 결과로 이어졌다. 만약 우버가 통제할 수 없는 사회적 요인으로 사람들이 외출을 더 적게 한다면 사람 운송 부문에서 우버의 실적은 나빠지겠지만, 그렇더라도 물건이나 음식 배달 서비스에 대한 수요가 크게 늘어날 것이기에 결과적으로 우버의 실적 전망은 긍정적이 된다.

행동목표 변화는 내부적인 변화보다는 외부적인 변화 때문에 필요한 경우가 더 많다. 한때 사람들은 시간을 알려면 손목시계를 반드시 착용하고 다녀야만 했다. 그러다 휴대전화가 필수품이 되면서 이제는 시간을 알기 위해 손목시계를 보지 않게 되었다. 하지만 그렇더라도 손목시계는 사라지지 않았다. 시간을 알기 위해 휴대전화를 꺼내 보는 사람들의 손목에는 여전히 시계가 착용되어 있었다. 여기서 역량 있는 시계 회사들은 사회적 지위나 개인 철학의 표출이라는 손목시계에 대한 새로운 수요를 발견했으며, 이런 상황에 적합한 새로운 행동목표를 정립했다. 오늘날 사람들은 시간을 보기 위해서라기보다는 자기 자신에 대한 무언가를 표출하기 위해서 손목시계를 찬다. 검소함과 가치를 중시한다는 점을 드러내고 싶은 사람은 타이멕스를 차고, 부와 시위를 드러내고 싶은 사람은 롤렉스를 차는 식이다.

우버는 행동목표를 확장하면서 여러 변화를 받아들여야만 했다. 앞에서 행동목표의 외부 조건에 대해 '우리의 통제 범위 바깥에 있는 것'이라고 했던 점을 기억하는가? 우버는 미국 이외의 지역으로 사업을 확장하면서 국가 간 은행 서비스도 제공해야만 했다. 우크라이나 같은 몇몇 나라에서는 우버 서비스 요금을 모바일 결제나 신용카드만이 아니라 현금으로도 지불하게 되어 있기 때문이다. 이는 우버가 국가 간 은행 서비스에 관심이 있었는지 여부와는 상관없는 것이다.

행동목표의 진화를 거부하는 것은 새로운 환경에서는 아무것도 하지 않겠다는 의미와도 같다. 그리고 이는 성장이 멈추는 결과로 이어진다. 최초의 행동목표를 끝까지 고수할 수는 없다. 시장의 상황이 변하면 기업의 행동목표 역시 달라져야 하며, 우리는 이와 같은 변화에 능동적으로 나서야 한다.

/////////// **행동목표의 활용**

이번 항목에서는 기술된 행동목표를 조직 내에서 더 효과적으로 활용하는 몇 가지 방법을 살펴보려고 한다. 시간이 없다면 이번 항목을 읽지 않고 바로 다음 장으로 넘어가도 괜찮다.

행동목표를 조직 내에서 더욱 효과적으로 활용하려면 우선 투명해야 한다(너무나도 당연한 소리다). 기술된 행동목표를 모두가 볼 수 있는 게시판에 붙이고, 회의에서 직원에게 자주 언급하며, 사업 계획을 수립할 때 행동목표를 중심으로 하라. 잘 만든 행동목표는 목표를 이루어내기 위해 어떤 행동을 해야 하는지를 판단하는 데 큰 도움을 줌으로써 의사결정의 훌륭한 도구가 된다. 사업이 진화하면 그에 맞춰 행동목표도 바꿔야 하며, 바꾼 내용은 조직 구성원과 공유해야 한다. 그리고 이러한 내용을 모두가 볼 수 있도록 게시판에 붙여라(비용도 얼마 들지 않는다).

그다음으로는 행동목표를 팀 수준이나 개인 수준으로 좁게 만들어 제시하는 방법이 있다. 기업의 행동목표 이행은 결국 최고경영자의 책임이며, 행동목표를 이행했는지 여부에 따라 최고경영자는 보상을 받을 수도, 책임을 질 수도 있다. 그런데 행동목표의 범위를 팀 수준이나 개인 수준으로 좁게 만들어 제시하면 팀이나 개인에게 어느 정도의 권한이 주어지는지, 어떤 책임이 부여되는지를 명확히 정할 수 있다.

다시 우버의 경우로 돌아가 보자. 만약 우버의 마케팅 책임자가 기업 전체의 행동목표를 살펴본 다음, 자신이 책임지는 마케팅팀의 행동목표를 '신규 고객 창출'이라 판단했다면 마케팅팀에서는 이를 중심으로 자신들의 행동목표를 다시 기술할 수 있다. 그리고 이는 계속해서 더 좁은 범위로 진행할 수 있다. 특정 지역의 마케팅 매니저가 더 좁은 범위의 인구통계학적 특성을 바탕으로 자신만의 행동목표를 기술하고, 그러한 행동목표에 대한 책임을 수행하는 식이다. 이는 실무급 직원에서 대학생 인턴에 이르기까지 계속해서 더 좁아지고 정밀해질 수 있다. 다음의 행동목표를 생각해보라. '로스앤젤레스에 거주하는 20세 이상 40세 미만 흑인 여성이 A 지점에서 B 지점으로 무언가를 운송하고 싶을 때, 그들이 인터넷 사용이 가능한 기기를 갖고 있다면 그들에게 우버 계정을 개설하도록 한다(그리고 이를 신규 계정 개설 숫자로 평가한다).'

이와 같은 행동목표의 활용은 두 가지 측면에서 분명한 장점을 나타낸다. 첫째, 조직 전체의 행동목표와 직원 개인의 책임 사이에 분명한 구분선을 보여준다. 직원들은 자신이 하는 일이 왜 중요한지, 그리고 자신이 책임지고 판단해야 하는 영역이 어디까지인지를 알게 된다. 둘째, 직원들 사이에서 누가 더 큰 책임을 지고 있는지를 명확하게 보여준다. 어떤 프로젝트나 업무에서 더 큰 책임을 지는 사람이 리더가 되는 것이 당연하며, 행동목표를 통해 어떤 일의 리더가 누구인지를 모두가 분명하게 인지할 수 있다.

조직 내의 어떤 직원에게 행동목표를 만들어줄 때는 그 직원의 재량권과 책임 범위를 고려해야 한다. 행동목표의 성공이나 실패를 개인 수준의 노력으로 결정할 수 있을 정도로 정해야 하는 것이다. 그리고 행동목표를 정했다면 그에 합당한 수준의 재량권은 보장해주어야 한다.

여기서 말하는 행동목표가 OKR, 즉 목표와 핵심 결과지표objective and key result와 상당히 비슷하다고 생각하는 사람도 있을 터이다. 행동목표의 '데이터로 평가한다'는 부분은 핵심 결과지표에 상응하고, 그 앞에 나와 있는 변화의 지향점은 목표에 상응하는 식이다. 따라서 OKR에 익숙한 사람은 행동목표의 기술이나 활용에 쉽게 적응할 수 있을 것이다.

이번 항목은 이쯤에서 마무리하려고 한다. 어떤 사람은 행동변화 디자인 프로세스를 활용해 기업의 조직 구조를 설계하고 사업 계획을 수립하는 방법에 관해 책 한 권을 쓸 수도 있겠지만, 나는 이 정도에서 줄이고 다음 장으로 넘어가려고 한다. 마지막으로 행동목표는 조직이 나아가야 할 방향을 알려주는 기능을 하며, 이때 조직의 구조는 목표 달성에 필요한 개입 가운데 하나라는 점을 언급하고 싶다. 그럼 계속해서 다음 이야기를 진행하겠다.

4장

촉진압력과
업제압력을
파악하라

//////////////////////////////////////

행동변화는 A 지점에서(현재의 세계에서) B 지점으로(우리가 바라는 모습을 지닌 세계로)의 이동을 이끌어내는 개입에 따라 이루어진다. 현재에 대한 판단이 A 지점을 가리키고, 행동목표가 B 지점을 가리키고 있다면 왜 A 지점은 B 지점이 되지 못하고 있는지를 파악하는 게 우선이다. 즉, 현재의 세계와 지향하는 세계 사이의 거리를 벌려놓는 압력이 무엇인지를 파악하고, 변화가 필요한 부분이 어디인지를 알아야 한다. 사실 행동변화를 이끌어내려면 행동을 직접적으로 바꾸려 하기보다는 행동을 결정하는 압력을 바꾸려고 하는 편이 훨씬 더 효과적이다.

이쯤에서 내 아들 베어(이 책의 맨 앞에서 말한 바로 그 이름이다) 이야기를 할까 한다. 나는 언제나 베어에게 좋은 아빠가 되려고 노력하는데 어린아이를 돌보고 기른다는 것은 많은 책임이 필요한 일이다. 어린아이의 행동은 부모한테서 좋은 영향과 나쁜 영향을 직접적으로 받기 때문이다. 베어가 생후 3개월이던 때는 아이의 거의 모든 것을 내가 결정했다. 옷을 골라 베어에게 입히는 일도 전부 내가 했는데, 그 과정이 어려운 때도 있고 쉬운 때도 있었지만 어쨌든 아이는 내가 결정한 옷을 입었다.

하지만 어린아이라 하더라도 부모가 아이의 행동을 전적으로 통제하는 건 불가능하다. 당장 수면 시간만 하더라도 그렇다. 아이는 내가 원하는 시간에 자지 않는다. 그래서 나는 베어의 수면 시간에 영향을 끼치는 압력에 변화를 주어 수면 시간을 조정하려고 했다. 예를 들어 더 많이 놀아줘서 아이를 지치게 하거나(수면의 촉진압력을 높인다) 암막 커튼을 설치해 외부의 빛을 차단하는 것이다(수면의 억제압력을 낮춘다). 하지만 베어의 수면 시간을 항상 조정할 수는 없었다. 수면 시간을 직접적으로 통제하는 것은 불가능한 일이었기에 나는 수면 시간에 영향을 끼치는 압력을 통제하려고 했다.

어떤 행동에 작용하는 촉진압력과 억제압력을 파악하는 것은 매우 중요하다. 이제 좀 더 자라면 베어는 자기가 입을 옷은 직접 고르려고 할 텐데, 그럼 나는 내 앞 세대의 아버지들이 그랬듯 아들의 옷 선택에 영향을 끼칠 수 있는 압력에 대해 나의 영향력을 작용하는 방법을 배워야 할 것이다. 아들이 찢어진 청바지를 고르지 않고 단정한 바지를 고르면 칭찬해주고(좋은 바지에 대한 촉진압력을 높인다), 마찬가지로 아들이 워싱 청바지를 사는 걸 거부하면 칭찬해주는 식으로(나쁜 바지에 대한 억제압력을 높인다) 말이다. 아들이 찢어진 청바지나

워싱 청바지를 사려고 할 때 그걸 직접적으로 막을 수는 없다. 하지만 아들의 옷 선택에 영향을 끼칠 수 있는 압력에 대해 내 영향력을 작용하는 식으로 아들의 행동을 내가 바라는 대로 변화시킬 수 있다.

여기서 내 아들의 행동을 예시로 들기는 했지만, 기업이 대상으로 삼는 행동변화는 특정 인물의 행동변화가 아니라 집단의 행동변화다. 여기서 집단은 팀, 조직, 도시, 국가 등이 될 수 있다. 그리고 특정 시점의 행동변화가 아니라 일정 기간의 행동변화다. 그러니까 10월 14일 베어의 점심 식사가 아니라 베어와 같은 연령대인 아이들의 일반적인 점심 식사와 그와 관련된 예측 가능한 미래가 대상이 되는 식이다.

이는 본질적으로 행동변화 그 자체는 우리 계획대로 완벽하게 발생하는 게 아니라는 점을 의미한다. 일부의 사람들과 특정 시간대에서는 행동변화가 일어나지 않을 수 있다. 하지만 개개인이 모인 일정 규모 이상의 집단은 그 움직임을 예견하는 게 가능하다. 집단의 몇몇 사람은 우리 예상대로 움직이지 않겠지만, 집단을 구성하는 대다수의 사람은 대체로 예상에 따라 움직인다. 왜냐하면 대부분의 사람은 비용, 접근 가능성, 인기 같은 압력에 따라 영향받기 때문이다.

그렇다면 집단의 움직임에 영향을 끼치는 압력을 어떻게 파악해야 할까? 많은 사람이 복잡한 도표나 체계를 통해 무언가를 설명하기 좋아하지만, 나는 세 살짜리 아이도 따라 그릴 수 있는 간단한 그림으로 집단의 움직임에 영향을 끼치는 압력을 설명하려고 한다.

이 간단한 그림을 보고 혼란을 겪는 사람도 있을 터이다. 하지만 이 책의 목표는 우리가 바라는 매일의 행동변화를 이끌어내는 방법을 제시하는 것이고, 때로는 단순한 접근법이 가장 좋은 방법이 된다.

이 두 개의 화살표는 우리 행동을 이끌어내면서 서로 경합 관계에 있는 두 개의 압력을 나타낸다. 위를 향하는 화살표는 촉진압력으로 무언가를 하게 하는 압력이고, 아래를 향하는 화살표는 억제압력으로 무언가를 하지 못하게 하는 압력이다. 그리고 이 두 압력의 경합 결과에 따라 우리 행동이 결정된다. 촉진압력이 억제압력보다 더 크면 행동을 하게 되고, 억제압력이 촉진압력보다 더 크면 행동을 하지 않게 되는 식이다. 사람들의 행동은 촉진압력과 억제압력 양쪽에 모두 영향을 받는다. 촉진압력이 없어서 행동을 하지 않게 되는 거라고 단정할 수 있는 게 아니다. 억제압력이 압도적으로 커서 행동을 하지 않게 된 것일 수도 있다.

헬륨가스가 들어 있는 생일 파티용 풍선을 생각해보라. 그 풍선은 우리 눈높이에 둥둥 떠 있다. 이 풍선에 대해 촉진압력과 억제압력이 동시에 똑같은 크기로 작용하고 있다면 풍선은 계속해서 그 위치에 (A 지점에) 둥둥 떠 있게 된다. 움직이지 않는 것이다.

이제 풍선은 하늘로 올라가고 싶다. 자신이 올라갈 수 있는 데까지 올라가 풍선의 운명을 완수하고 싶은 것이다. 그곳을 B 지점이라고 부르겠다. B 지점은 풍선이 지향하는 곳이자 풍선에는 해피엔딩을 의미하는 곳이다. 풍선은 아래에서 위로 힘을 주면(촉진압력을 주면) 균형 상태가 깨지면서 위로 올라가기 시작한다. 풍선에 행동변화가 발생하는 것이다. 이때 더 빠르게 하늘로 올라가게 하고 싶다면 풍선에 헬륨가스를 더 많이 주입하거나 풍선 아래에 거대한 선풍기를 설치하는 식으로 대응할 수 있다.

하지만 누군가 손으로 풍선을 누르거나, 강한 비가 내리고 있다면 어떻게 될까? 이와 같은 억제압력이 작용한다면 풍선은 하늘로 올라가지 못한다. 이때 풍선을 하늘로 올리고자 한다면 억제압력보다 더 강한 촉진압력을 위쪽으로 줘야 한다. 아니면 억제압력을 낮추는 것도 방법이다. 하늘에서 내리는 비에 맞지 않도록 풍선에 우산을 씌워주거나, 풍선을 누르는 손을 치우는 식으로 말이다. 또는 야망이 큰 사람이라면 풍선이 받는 중력을 낮추는 방법을 찾아볼 수도 있을 것이다.

행동변화를 이끌어내려면 현재의 상황에 작용할 수 있는 압력을 파악하는 일이 중요하다. 풍선을 내리누르는 손, 강한 비, 중력, 풍선 아래에 설치한 선풍기 등의 압력 말이다. 이와 같은 압력을 파악하고 있어야 지향하는 곳으로의 변화를 이끌어내기 위한 효과적인 개입을 설계할 수 있다. 만일 현재 상황에 작용하는 압력을 모르는 상태에서 행동변화를 추구한다면 그러한 시도는 완전 무효가 되거나, 효과가 있더라도 제한적일 수밖에 없다.

우리는 왜 엠앤엠스를 먹는가: 촉진압력

지금 이야기하는 촉진압력과 억제압력은 추상적이고 모호한 개념이 아니라 우리가 활용할 수 있는 실제적인 도구다. 행동변화 디자인 프로세스를 시작하면 태블릿이나 노트에 위로 향하는 화살표와 아래로 향하는 화살표를 그려놓고, 현재의 상황에 작용하는 촉진압력과 억제압력을 나열하는 작업부터 한다. 이번 장을 진행하면서 직접 촉진압력과 억제압력을 파악하고 정리하는 연습을 해보는 것도 좋은 방법이다. 아니면 적어도 최대한 구체적으로 이 작업을 해보는 상상연습을 하라고 말하고 싶다.

촉진압력과 억제압력을 파악하고 정리하는 방법을 연습할 때 내가 가장 좋아하는 사례가 바로 엠앤엠스M&M's 초콜릿이다. 우선 촉진압력부터 생각해보자. 우리는 왜 엠앤엠스를 먹을까? 일단 맛있기 때문이다. 먹거리에서 좋은 맛은 강력한 촉진압력이며, 이를 잘 알기에 제조사인 마스Mars는 다양한 맛의 엠앤엠스를 개발하는 데 많은 돈을 투입한다. 엠앤엠스는 현재 마흔 가지 이상의 다양한 맛으로 출시되고 있다(얼마 전에는 칠리 맛 엠앤엠스가 출시되기도 했다). 엠앤엠스의 다양한 맛 가운데 가장 인기 있는 것은 피넛버터 맛이다. 이런 강력한 제품이 있는데도 마스는 계속해서 새로운 맛을 개발하고 있다. 사람들이 엠앤엠스 같은 캔디류를 먹는 가장 중요한 이유는 바로 맛이라는 점을 잘 알기 때문이다.

하지만 사람들이 엠앤엠스를 선택하는 것은 맛있다는 이유 하나 만이 아니다. 엠앤엠스는 예쁘다. 인간은 색이 선명하고 예뻐 보이 는 음식에 끌리도록 프로그램되어 있는 생명체다(진화 과정에서 색이 선명한 과일이나 채소를 더 선호하도록 프로그램되었다는 점을 생각해보라). 사람들은 똑같은 용기에 더 다양한 색의 엠앤엠스가 들어 있을수록 더 좋아했다.[2] 1995년에는 진한 색과 흐린 색의 두 가지 갈색 엠앤엠 스 가운데 하나를 줄이고(마스에서는 흐린 갈색을 줄이기로 결정했다) 이 를 대체할 새로운 색에 대한 소비자 투표를 실시했는데, 1000만 명 이상이 참여했던 그 투표에서 흐린 갈색 대신 파란색을 사용하는 것 으로 결정이 났다.

정말로 사람들이 색깔 때문에 엠앤엠스를 먹는지, 그게 그렇게 중 요한 이유인지 의아해하는 사람도 있을 것이다. 하지만 사람들이 분 명하게 인식하기 어려운 요인들이 사람의 행동에 영향을 끼치는 경 우가 생각보다 훨씬 더 많다. 그래서 가능성을 판단하고, 그 판단을 다양한 경로로 확인하고, 파일럿 프로그램을 실행하는 과정이 필요 하다. 우리 인간은 어떤 행동의 진짜 동기를 파악하는 데 매우 서투 르다. 그렇지만 그와 동시에 이 책과 같은 비소설을 읽으면서 사실을 파악하고 거기에서 즐거움을 얻는 논리적인 존재이기도 하다. 분명 히 사람들은 맛이 똑같은데도 자기가 선호하는 색의 엠앤엠스가 따 로 있다. 그리고 오늘날 많은 사람은 엠앤엠스를 주문할 때 자기가 원하는 색을 고른다. 왜 그렇게까지 하는 걸까? 색은 자신의 정체성과 밀접하게 연관되어 있기 때문이다. 사람들은 옷장, 벽지, 장식품, 문구류 등을 자기가 좋아하는 색으로 선택한다. 그것이 자신을 드러내는 방법이기 때문이다. 어떤 측면에서는 비논리적이겠지만, 색은 사람들의 많은 행동에(엠앤엠스를 선택하는 것을 비롯해) 예측 가능한 촉진압력이 된다.

여전히 엠앤엠스의 선택에서 색이 중요하지 않다고 생각하는가? 촉진압력을 확인하는 한 가지 방법으로 정반대의 시나리오를 가정해보는 게 있다. 즉 의심이 가는 가정과 정반대의 시나리오를 구상해 어떤 행동이 나타날지를 생각해보는 것이다. 성공적인 개입이란 현재로서는 존재하지 않는 세계를 만들어내는 일이기 때문에 행동변화 디자인 프로세스에서는 생각 실험과 상상이 지속적으로 이루어져야 한다. 그리고 우리가 바라는 세계의 모습은 우리가 바라지 않는 세계의 모습을 상상해봄으로써 더욱 명확하게 그려낼 수 있기도 하다. 여기서는 탁한 토사물의 색이나 흐린 소변 색의 엠앤엠스를 상상해보라. 그래도 엠앤엠스의 매출이 기존과 똑같을 거라고 생각하는가?

이번에는 억제압력으로 작용할 것 같은 요인이 촉진압력으로 작용하는 경우를 생각해보겠다(당연히 그 반대의 경우도 있다). 엠앤엠스를 선택할 때 칼로리는 촉진압력으로 작용할까, 아니면 억제압력으로 작용할까? 강연을 하면서 사람들에게 이 같은 질문을 하면 모든 사람이 억제압력으로 작용한다고 말한다. 그런데 이는 절반만 맞는 답이다. 몸에 지방이 붙을 수 있다는 우려는 무언가를 먹는 억제압력으로 작용하지만, 칼로리 그 자체는 무언가를 먹는 촉진압력으로 작용할 수도 있다.

사람들이 간식을 가장 많이 먹는 때는 점심 식사와 저녁 식사의 중간 무렵이다. 점심을 먹으면(사람들의 식단은 점점 더 고혈당을 유발하는 쪽으로 변해간다) 혈당이 높아지는데, 그럼 속효성 인슐린이 분비되면서 혈당은 다시 낮아진다. 이때 간식을 먹는 것은 생물학적으로 중요한 일이며, 특히 배고픔을 느낄 때 칼로리는 강한 촉진압력으로 작용한다.

스니커즈Snickers 같은 초코바는 아예 칼로리 섭취를 마케팅 포인트로 내세운다. 스니커즈는 "우리 초코바는 맛이 좋다"는 식의 광고를 하거나 제품의 색감으로 승부하려고 하지 않는다. 그 대신 칼로리를 공급하는 간식이라는 내용으로 계속해서 광고를 해오고 있다. "정말로 든든합니다"와 "힘을 주는 땅콩 초코바" 같은 광고 문구도 유명하다. 2010년에는 원로 여배우 베티 화이트Betty White가 출연하는 슈퍼볼 광고를 만들기도 했다. 여기서 할머니인 베티 화이트는 제대로 뛰지 못하는 풋볼 선수로 나오는데, 스니커즈를 먹기 전의 배고픈 상태에서는 풋볼 선수도 할머니처럼 뛸 수밖에 없다는 것을 보여주는 광고였다. 이때 사용되었던 "배고플 때의 너는 네가 아니야"라는 광고 문구도 널리 알려져 있다. 아흔 살 먹은 할머니처럼 움직이는 게 아니라(베티 화이트에게는 죄송합니다) 활기차고 힘 있게 움직이려면 스니커즈를 먹으라는 게 지난 40년 동안 이어져 온 스니커즈의 광고 내용이었다.

현재 상태에 작용하는 압력을 제대로 파악하려면 상식처럼 알고
있던 것에만 의존하지 말고 거꾸로 생각할 수 있어야 한다. 그리고
어떤 행동에 대해서도 작용하는 압력을 전부 다 파악할 수는 없다는
점도 인정해야 한다. 행동변화 디자인 프로세스에 충분한 수준에서
압력의 파악을 멈추려는 판단이 필요하다. 아주 오래된 시장에서는
대다수의 시장 참여자가 중요한 압력에 대해 잘 알고 있기 때문에 행
동변화를 위해서는 사람들의 관심 밖에 있거나 특이한 압력에 집중
하는 게 좋으며, 새로 형성된 시장에서는 통상적으로 중요하다고 여
겨지는 압력에 집중하는 게 좋다.

어떤 상황에 작용하는 촉진압력은 끝없이 찾아낼 수 있다. 엠앤엠
스만 하더라도 미국인들 사이에서 우호적인 감정을 만들어내고, 향
수를 자극하며, 미국 백악관의 공식 스낵이라는 점이 촉진압력으로
작용한다. 그뿐 아니라 엠앤엠스의 광고 캐릭터는 소비자에게 쾌활
하고 낙천적인 느낌을 전해주는데, 이러한 이미지를 만들어내고 유
지하기 위해 마스는 막대한 광고비를 지출해오고 있다. 엠앤엠스는
구하기도 쉽다. 학교나 오피스 빌딩의 자동판매기에서 쉽게 구할 수
있는데, 이는 사람들에게 편리함과 익숙함을 전해준다. 물론 쾌활함
이나 편리함, 익숙함 같은 감정만으로 엠앤엠스를 먹는 것은 아니다.
기본적으로는 맛있고 보기 좋기에 먹는 것이다. 그리고 좋은 맛과 예
쁜 색을 갖추고 있는 상황에서는 온갖 문화적 · 감정적 요인이 촉진

압력으로 작용하면서 높은 매출로 이어진다.

////////// 우리는 왜 엠앤엠스를 먹지 않는가: 억제압력

엠앤엠스는 맛있고, 예쁘고, 배고플 때 칼로리를 제공하고, 온갖 긍정적인 감정을 만들어준다. 앞의 항목을 읽었다면 사람들이 엠앤엠스를 좋아하는 많은 이유가 있다는 것을 알았을 터이다.

하지만 당신은 엠앤엠스를 먹지 않는다.

좋은 건데 먹지 않다니! 촉진압력이 그렇게나 많은데도 엠앤엠스를 먹지 않는다니, 어떻게 된 걸까? 나는 돌팔이고, 이 책은 지금 바로 반품되거나 그냥 쓰레기통으로 가야 하는 게 아닐까? 이 책의 내용이 제대로 된 게 맞긴 하는가?

그런데 어떤 행동에 대해서는 두 가지 압력이 작용한다는 점을 항상 기억해야 한다. "우리는 왜 엠앤엠스를 먹는가?"는 촉진압력에 대한 질문일 뿐이고, 어떤 행동의 발생 가능성을 막는 억제압력도 존재한다. 우리의 행동목표가 엠앤엠스를 항상 먹는 것이라면 왜 그렇게 되지 않는지에 대해서도 고려해야 한다.

그렇다면 왜 엠앤엠스를 먹지 않는가? 이와 같은 질문은 내 전공과 상당한 관련이 있다. 사람들이 엠앤엠스를 먹지 않는 이유는 바로 옆에 엠앤엠스가 없기 때문이다. 바로 옆에 있다면 사람들은 엠앤엠스를 먹을 것이다. 우리 삶의 다른 많은 영역에서와 마찬가지로 물리적인 접근성은 엠앤엠스 소비의 주요한 억제압력으로 작용한다. 사람들은 자기 손이 닿는 곳에 뭐가 있느냐에 따라 어떤 행동을 하는지가 결정된다.

이는 우리 모두가 본능적으로 아는 사실이다. 사탕 바구니가 당신이 사용하는 책상 위에 놓인 경우와 다른 방에 놓인 경우를 생각해보라. 사탕 바구니가 책상 위에 놓인 경우에는 아무 생각 없이 때때로 사탕을 먹겠지만, 다른 방에 놓인 경우에는 사탕에 손도 대지 않을 것이다. 촉진압력과 억제압력의 크기는 그 조정 상태에 따라 계속해서 다르게 나타난다. 예를 들어 접근성이라는 억제압력은 엠앤엠스를 책상 옆의 캐비닛에 놓아두는 경우, 건너편 사무실의 캐비닛에 놓아두는 경우, 다른 층 사무실의 캐비닛에 놓아두는 경우, 가게에 가서 구입해야만 먹을 수 있는 경우에 그 크기가 전부 다르게 나타난다. 그리고 이는 행동변화의 크기를 우리가 바라는 수준으로 정할 수 있다는 뜻이다.

이는 물리적 접근성만이 아니라 심리적 접근성에서도 마찬가지다. 실제로 한 연구에서 초콜릿이 담긴 통을 실험 참가자가 사용하는 책상 위에 놓고 하루 몇 개의 초콜릿을 먹는지를 관찰하고, 그다음에는 그 통을 실험 참가자 건너편의 사무실에 놓고 하루 몇 개의 초콜릿을 먹는지를 관찰했다. 그러자 실험 참가자들은 전자의 경우에 하루 두 개의 초콜릿을 더 먹는 것으로 나타났다. 이번에는 투명한 초콜릿

통에 초콜릿을 담아놓은 다음 실험 참가자가 하루 몇 개의 초콜릿을 먹는지를 관찰하고, 그다음에는 불투명한 초콜릿 통에 초콜릿을 담아놓은 다음 실험 참가자가 하루 몇 개의 초콜릿을 먹는지를 관찰했다. 이번에도 실험 참가자들은 전자의 경우에 하루 두 개의 초콜릿을 더 먹는 것으로 나타났다.[3] "눈에 보이지 않으면 마음에서도 잊힌다"는 속담은 이번 실험에서도 통했다. 구글은 직원들이 먹을 간식을 사무실에 놓아둘 때 사탕류는 속이 들여다보이지 않는 용기에 담아두고, 과일이나 견과류는 속이 들여다보이는 용기에 담아두는데, 이와 같은 조치를 시행하고 7주 동안 구글 직원의 칼로리 섭취량이 총량 310만 칼로리나 줄어들었다고 한다.[4]

그런가 하면 동일한 특성이 억제압력으로 작용하기도 하고 촉진압력으로 작용하기도 하는 경우도 있다. 브랜드 이미지와 관련해 이와 같은 상황이 종종 발생하는데, 명랑한 느낌을 주는 엠앤엠스의 브랜드 이미지는 아이들 간식용으로는 아주 적절하지만 밸런타인데이의 로맨틱한 저녁 식사 자리에는 그렇지 않다. 촛불, 고급 스테이크, 장미, 레드와인이 놓여 있는 식탁에 디저트로 엠앤엠스가 나오는 경우를 생각해보라. 이건 말도 안 되는 일이다. 그런 식탁의 디저트로는 고급스러운 이미지의 스위스나 이탈리아 초콜릿이 어울린다. 어떤 상황에서는 엠앤엠스의 소비를 촉진하는 특성이, 다른 상황에서는 엠앤엠스의 소비를 억제하는 것이다.

칼로리도 마찬가지다. 앞서 이야기했듯이 오후에 배가 고픈 사람

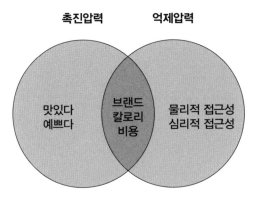

엠앤엠스의 촉진압력과 억제압력

에게 칼로리는 촉진압력으로 작용하지만, 뱃살을 빼려는 사람에게는 억제압력으로 작용한다. 그렇기 때문에 행동목표를 기술할 때 다섯 가지 변수를 명확하게 정립하는 게 중요하다.

촉진압력과 억제압력은 상황에 따라 작용하는 힘과 방향성이 크게 달라질 수 있다. 예를 들어 비용은 억제압력으로 작용할 수 있지만, 일반적으로 생각하기에 1달러의 비용은 억제압력이 될 수 없을 것만 같다. 그러나 자기 용돈으로 엠앤엠스를 사 먹고 싶어 하는 다섯 살 짜리 아이에게 1달러의 비용은 큰 억제압력으로 작용한다. 그리고 지구에서는 여전히 많은 사람이 하루 2달러 이하의 생활비로 살아간 다는 점을 생각해보면 1달러의 비용은 우리 생각보다 훨씬 더 강한 억제압력으로 작용할 수 있다. 그런가 하면 오히려 비싼 가격이 촉진 압력으로 작용하기도 한다. 비싼 가격이 높은 품질로 인정받을 정도 로 신뢰받는 사치품 브랜드의 경우는 비싼 가격 그 자체가 제품을 구입하는 이유가 된다. 색도 예외가 아니다. 식품에 들어가는 선명한 색은 인공적이고 건강에 나쁘다는 이미지를 주는 경우도 있어 천연 색소를 썼다면서 일부러 흐릿한 색의 식품을 만드는 기업도 있다. 영국의 스마티스Smarties 초콜릿이 그 예다.

촉진압력이나 억제압력에 관한 주제만으로도 시리즈로 책을 쓸 수 있을 것이다. 하지만 그렇게 책을 쓴다 하더라도 유용한 매뉴얼로 활용되기는 어렵다. 촉진압력과 억제압력은 개별 상황에 따라 그 의미가 달라지기 때문이다. 욕구와 집단에 따라 의미가 달라지고, 촉진압력과 억제압력이 서로 독특한 방식으로 상호작용을 하기도 한다. 그래서 행동변화 디자인 프로세스에서는 지속적으로 확인하고, 실험을 거쳐 검증하는 과정이 중요하다. 압력을 제대로 파악했는지를 알 수 있는 유일한 방법은 압력을 기반으로 개입을 설계하고 그것을 행동변화에 실제로 적용해보는 수밖에 없다.

/////////// ## 뻔한 해법을 추구하려는 경향

압력을 확인할 때는 특정 압력에 매몰되지 말고 촉진압력과 억제압력을 다양하게 생각해야 한다. 댄 애리얼리 교수의 말을 빌리면 인간이 비이성적인 판단을 내리는 것은 뻔한 일이라고 하는데, 행동변화 디자인 프로세스를 진행하고 압력을 파악할 때도 이 말을 기억할 필

요가 있다. 우리 연구소가 관찰한 바에 따르면 어떤 행동을 이끌어내야 하는 상황에서 사람들은 언제나 촉진압력을 높이려고 한다. 행동을 이끌어내기 위한 보상만을 생각하는 것이다. 그리고 행동을 중단해야 하는 상황에서 사람들은 언제나 억제압력을 높이려고 한다. 행동을 멈추기 위한 제재 수단이나 징계만을 생각하는 것이다.

이것이 오늘날 세상이 움직이는 모습이다. 더 많은 초콜릿을 소비하게 하려면 초콜릿이 담긴 통을 사람들의 책상 가까이에 두어야 한다는 점은 우리 모두가 알고 있다. 하지만 마스가 그런 우리를 채용해 초콜릿 매출 증대를 위한 방안을 내놓으라고 하면 우리는 어떻게 할까? 아마도 엠앤엠스의 마흔두 번째 맛을 개발하려고 할 것이다. 엠앤엠스를 사람들 가까이에 두어 억제압력을 낮추는 게 매출 증대를 위한 효과적인 방법이라는 걸 이론적으로는 알면서도 실제 현장에서는 촉진압력을 높이려는 시도만 하게 되는 것이다.

물론 절망할 일은 아니다. 뻔한 실수를 자꾸 저지른다면 그것은 얼마든지 막을 수 있다. 우버가 성공할 수 있었던 것은 다양한 억제압력을 계속해서 낮춰왔기 때문이다. 다른 경쟁자들이 촉진압력을 높이려는 뻔한 시도를 할 때 우버는 억제압력을 낮추려는 더 효과적인 시도를 해왔다. 다른 승차 공유 서비스가 뻔한 검정색의 자동차라면 우버는 슈퍼모델 클라우디아 시퍼Claudia Schiffer가 운전하고, 뒤에서는 오클랜드 레이더스 미식축구팀 수비라인이 밀어주며, 차 안에는 미니바와 디스코 볼까지 있는 은색의 아우디다!

우버는 A 지점에서 B 지점으로 가고자 하는 사람들의 욕구는 충분히 강력한 것이므로 촉진압력을 높이기보다는 억제압력을 낮추는 게 더 효과적인 전략이라 판단했고, 이러한 판단을 기반으로 상품을 개발하고 마케팅 활동을 진행했다. 물론 우버도 촉진압력을 높이기 위해 반려견 이벤트, 간식 이벤트, 예방접종 이벤트, 테슬라 이벤트 등의 다양한 이벤트를 진행하기도 한다. 하지만 사람들을 우버 쪽으로 가장 많이 끌어들이는 것은 다음과 같은 내용의 이메일이다. "우버의 요금이 내려갑니다(비용이라는 억제압력의 감소)." "우버 운전자가 더 많아졌습니다(대기 시간이라는 억제압력의 감소)." "이제는 더 먼 곳까지 갈 수 있습니다(서비스 이용 범위라는 억제압력의 감소)." 이처럼 우버의 비즈니스는 기본적으로 억제압력을 낮추는 데 집중되어 있다.

우버 쪽으로 사람들을 끌어들이는 가장 큰 요인은 요금의 자동 지불 시스템에 있다는 주장도 있다. 사실 택시 이용의 가장 큰 억제압력은 요금 지불이다. 다른 이동 수단에 비해 비싼 요금을 현금으로 지불하는 것은 누구에게라도 억제압력으로 작용하며, 이는 상당한 상실감을 주는 일이다. 이때 자동 지불 시스템을 이용하면 상실감은 상당 부분 줄어들게 된다.[5] 택시 요금을 현금이 아니라 신용카드로 지불하는 것도 불편하기는 마찬가지다. 금요일 오후의 뉴욕, 택시를 타고 이스트빌리지에 도착해 신용카드로 요금을 계산하려고 하면 카드결제 승인이 나기까지 짧은 시간 동안 뒤에서 엄청난 경적이 들려온다. 뒤에 줄지어 있는 자동차 운전자들이 압력을 가해오는 건데,

그 경적을 들으며 카드결제 승인을 기다리는 시간은 고통스럽기까지 하다. 우버 이전까지는 이와 같은 억제압력을 낮추려는 시도는 거의 없었다. 모두가 촉진압력을 높이려는 시도에만 매달려 있었기 때문이다.

행동변화를 이끌어내는 데 촉진압력만이 아니라 억제압력도 활용할 수 있다. 어느 한쪽에만 매몰되는 것은 잘못된 편향이다. 엠앤엠스를 만드는 마스가 새로운 맛의 엠앤엠스를 개발하려는 시도에서 벗어나 억제압력을 낮추려는 시도를 한다면 어떻게 될까? 막대한 투자비를 집행해 신제품을 개발하고, 식품 안전 검사를 진행하고, 마케팅을 하고, 새로운 포장 디자인에 대한 투표를 실시하는 게 아니라 직원들에게 "엠앤엠스를 언제 어디서나 구입할 수 있도록 하는 방법을 찾아보라"는 지시를 내린다면, 아마 우리 사회는 뚱뚱한 사람이 더 많아지지 않을까 하는 걱정을 해야 할 것이다. 자동판매기를 늘리고, 새로운 유통 계약을 맺고, 정기 배달 서비스를 시작하는 등의 개입을 생각해보라.

어떤 상황에 작용하는 압력을 파악하고 개입을 시행하려 할 때 우리는 대부분 자신이 하고 싶은 개입을 정당화하는 수준에서 머문다. 하지만 행동변화 디자인 프로세스에서는 조사와 수렴타당도의 확인을 통해 효과적인 개입을 찾아낸다. 이미 우리는 설문조사나 데이터 과학 등 이러한 작업에 익숙하다. 늘 하던 뻔한 해법을 추구하지 말고, 다양한 측면에서 촉진압력과 억제압력에 접근하라. 현재 상황에 작용하는 압력을 찾아냈다면 그것을 검증한 후에 개입을 설계하라. 이미 당신의 회사에는 이런 작업을 수행할 리서치 조직이 있을 것이다. 잠재적인 압력을 파악했다면 그 같은 조직을 통해 검증하고, 그 뒤에 다음 단계로 나아가는 게 순서다.

잠재적인 압력을 파악하는 또 한 가지 방법이 있다. 처음에는 촉진압력이나 억제압력 어느 하나에 집중하고, 그다음에는 나머지 압력 하나에만 집중하는 것이다. 우버를 예로 들면 처음에는 사람들이 우버를 타지 않게 하는 억제압력만을 생각해보고, 그다음에는 사람들이 우버를 타게 하는 촉진압력을 생각해보는 식이다. 그리고 압력을 파악할 때는 다양성도 고려해야 한다. 젠더, 인종, 문화, 인식 같은 부분을 더 폭넓게 받아들일수록 기회를 놓치고 편향성에 빠져드는 위험을 줄일 수 있다.

편향성을 줄이고, 현재 상황에 작용하는 압력을 최대한 많이 파악하는 것은 행동변화를 위한 행동변화 디자인 프로세스의 탄탄한 기반이 된다(이렇게 하는 게 필요하다는 점을 알게 될 것이다). 사실 촉진압력과 억제압력을 파악하고, 그들 사이의 상호작용을 이해하는 것은 행동변화를 위한 또 하나의 개입이다. 이를 통해 상황을 어느 한쪽 측면에서만 파악하고, 유효하지 않은 압력에 매몰되고, 행동변화를 이끌어내지 못함에도 경영자만 좋다고 생각하는 개입을 만들어내는 일을 피할 수 있다. 우리는 어떤 행동을 이끌어내기를 바라는데(여기서 촉진압력을 높이려는 경향을 띤다), 행동변화를 이끌어내려면 뻔한 해법을 추구하려는 경향을 극복해야 한다(억제압력을 낮추는 방법도 강구해야 한다). 이제 현재 상황에 작용하는 유효한 압력을 파악했다면 그것을 효과적인 개입으로 연결해야 한다. 다음 장에서는 행동변화 디자인 프로세스라는 이 책 주제의 중심에 자리 잡고 있는 개입에 대해 이야기하려고 한다.

5장

소비자의 행동을
디자인하라

//

/////////////////////////////////////

학창 시절의 선생님 가운데 초등학교 6학년 때 수학을 가르쳤던 류파카Liupakka 선생님이 특히 기억에 남는다. 류파카 선생님은 놈gnome•이라는 요정과 꼭 닮았는데 장난을 좋아하는 성향까지도 비슷했다. 선생님은 담임을 맡고 있는 교실 벽에 학생이 지켜야 할 규칙을 적어두고 그 위에는 채찍을 걸어놓았다. 그리고 한번은 빨간 케첩을 잔뜩 묻힌 손수건과 채찍을 들고 우리 교실에 들어온 적도 있다. 그때 선생님은 나를 복도로 불러내더니 함께 가져온 자로 벽을 치면서 장난으로 아프다고 소리를 지르라 했고, 나는 매를 맞아서 아픈 것처럼 소리를 질렀다. 선생님은 정말로 아이들 사이에서 화제의 인물이었고, 그로부터 25년이 더 지난 지금도 나는 그분의 이름을 잊을 수가 없다.

• 옛날이야기에 나오는 땅속 요정으로, 작은 키에 뾰족한 모자를 쓴 모습이다 – 옮긴이

그런데 채찍보다 더 기억에 남는 건 대수학 수업을 하면서 우리에게 창의성에 대해 가르쳐주었던 부분이다. 수업 시간에 선생님은 오버헤드 프로젝터에(이 장비를 기억하는가?) 슬라이드 하나를 올려놓았는데, 거기에는 온갖 숫자와 글자, 그림이 나타났다. 선생님은 우리에게 화면에 나타난 것들을 다양한 방식으로 묶어보라고 했다. 우리는 그동안 배워온 다양한 기준에 따라 글자와 숫자로 구분해 묶어보기도 하고, 짝수와 홀수로 구분해 묶어보기도 했다. 그런데 우리의 아이디어가 다 떨어졌다고 생각되었을 즈음, 선생님은 화면에 나타난 것들을 묶는 새로운 관점들을 보여주었다. 전화기에 있는 것과 그렇지 않은 것, 선으로 되어 있는 것(A와 F)과 곡선으로 되어 있는 것(O와 C) 등과 같이 말이다. 선생님은 많은 아이디어를 내놓는 것도 좋지만 그전과는 다른 아이디어, 더 참신한 아이디어를 내놓는 것도 중요하다고 가르쳐주었다. 그날 교실에 있던 스물다섯 명의 아이는 커다란 깨달음을 얻었다. 그전과는 다른 생각을 할 줄 아는 창의적인 어른으로 성장할 준비를 하게 된 것이다.

다른 사람들은 생각하지 못하는 참신한 대안을 생각해내는 일은 초등학교 6학년 시절이나 어른이 된 지금이나 똑같이 짜릿한 일로 다가온다. 참신하다는 것은 본질적으로 흥미로운 것이고, 인간은 참신한 것에 이끌리게 마련이다. 그리고 이 세상을 이끌어가는 사람들은 다른 사람들에게 창의적일 것을 주문한다. 나는 류파카 선생님을 좋아한다. 그런데 이런 말은 하고 싶다. "창의성이 도대체 뭡니까!"

참신함을 추구하는 일에 매몰되면 성과에 대한 시야를 잃게 된다. 물론 유효한 압력을 찾아내 개입 설계에 활용하는 식으로 참신해 보이는 개입에 이끌리는 성향을 어느 정도 막을 수는 있겠지만, 이와 같은 방식이 언제나 효과적인 것은 아니다. 잘못된 비즈니스 판단임에도 그것을 정당화하는 데 활용되는 데이터가 있는 것처럼, 유효한 것으로 확인된 압력이라 하더라도 잘못된 개입으로 이어질 수 있다. 행동변화 디자인 프로세스라는 거창한 작업이 성과로 이어지지 못하는 잘못된 개입을 만들어낼 수 있는 것이다.

당신은 고객이 무엇을 원하는지 이미 많은 걸 알고 있을 것이다. 그리고 그러한 정보를 토대로 촉진압력과 억제압력을 파악하고, 유효한 압력이 무엇인지에 대한 판단도 내릴 수 있을 것이다. 그런데 그와 같은 풍부한 정보와 지식 때문에 압력을 파악하고 개입을 설계하는 작업을 너무 섣부르게 진행할 위험이 있다.

사실 이 과정은 매우 복잡다단한 과정이 될지도 모른다. 하나의 압력에 다수의 개입이 필요할 수도 있고, 하나의 개입으로 다수의 압력을 통제할 수도 있다. 압력을 파악하는 이유가 바로 여기에 있다. 현재 상황에 작용하는 압력을 명확하게 파악하고 있어야 효과적인 개입을 만들어낼 수 있다. 여기서 압력이 레버라면 개입은 그 레버를 잡아당기는 행동이다. 이때 우리는 다수의 레버를 올바른 순서에 따라 적절한 힘으로 당겨야 한다.

클로버헬스에서 있었던 일을 하나 소개하려고 한다. 건강보험 서비스인 메디케어 어드밴티지Medicare Advantage를 제공하는 클로버헬스는 보험 가입자의 건강 상태를 개선하는 사업도 진행하고 있으며, 여기에는 독감예방접종 같은 질병 예방 활동도 포함된다. 독감으로 병원에 입원하는 환자의 70퍼센트, 그리고 독감으로 사망하는 환자의 85퍼센트가 65세 이상의 노인인데, 이 연령대의 사람들이 바로 메디케어 어드밴티지의 가입자가 된다. 따라서 클로버헬스 보험 가입자의 독감 예방 접종률이 낮으면 독감 때문에 발생한 입원 환자와 사망자가 증가할 수 있다.

독감 예방 접종률은 클로버헬스에 특히 더 중요한 의미가 있다. 통계적으로 미국 흑인의 독감 예방 접종률은 미국 백인에 비해 크게 낮다(보건 서비스에서도 인종주의는 현실이다). 그리고 클로버헬스의 메디케어 어드밴티지 보험 가입자 가운데 유색인종 비율은 다른 보험사의 경우에 비해 두 배 정도 되며(미국 전체적으로 메디케어에 가입해 있는 사람의 80퍼센트는 백인이다), 그중 상당수가 흑인이다.

행동변화 디자인 프로세스의 행동목표를 기술하면서 우리는 집단을 흑인으로 정했고, 행동을 독감예방접종으로 정했다. 그런 다음 이번 상황에 작용하는 압력을 파악하기 시작했다. 일단 촉진압력이 너무나도 부족한 것으로 나타났다("나는 건강한데, 왜 그런 걸 맞아야 하지?"). 그리고 억제압력은 다수로 존재하는 것으로 파악되었는데, 흑인 보험 가입자에게는 억제압력이 더 크게 작용하고 있었다.

예를 들어 독감백신의 성분이 해마다 바뀌는 것에 불신을 보내는 경우가 많았다. 백신 성분이 해마다 달라지는 데는 이유가 있지만(독감백신은 그해에 가장 크게 유행하리라고 예상되는 독감 바이러스들에 대응하는 성분으로 만든다), 많은 사람이 그와 같은 변화를 불신하고 있었다. 인체를 대상으로 삼는 모종의 비밀 실험이 이루어지고 있을지도 모른다는 것이다. 사실 터스키기 매독 실험(미국 터스키기 지역에서 흑인 매독 환자를 대상으로 삼은 실험으로, 미국 보건국 연구원들이 흑인 매독 환자를 치료할 수 있었음에도 연구를 위해 관찰만 했고, 그 결과 많은 실험 참가자가 죽음에 이르렀던 극단적인 인종주의의 발현이자 최악의 사태) 같은 비윤리적인 생체실험이 중단된 게 불과 40여 년 전의 일이라는 점을 생각해보면 흑인 보험 가입자들 사이에서 불신이 강력한 억제압력으로 작용한다는 점도 이해되는 일이었다.

독감예방접종 부위에 통증이 올 수 있다는 부작용도 불신을 더욱 키웠다. 사실 부작용의 발생 비율은 1퍼센트가량으로 매우 낮지만, 해마다 수많은 사람이 독감예방접종을 받기 때문에 본인이나 지인들 가운데 이런 부작용을 겪는 사례가 나타나게 마련이다. 의사가(백인일 가능성이 높다) 멀쩡한 사람들에게 주사를 놓았는데 그 때문에 아프게 된다면 흑인들로서는 그와 같은 상황을 신뢰하기가 어려울 것이다.

독감예방접종이 100퍼센트 예방 효과가 있는 건 아니라는 점도 불신을 만들어낸다. 예방접종을 했다면 완벽하게 예방 효과를 보이는 게 당연하다고 생각하는 것이다. 사실 독감예방접종을 하지 않아 독감에 걸린다 하더라도 일주일이면 다 낫곤 한다. 그런데 독감예방접종을 했음에도 독감을 앓는다면 신뢰하기가 어렵다. 어떤 질병의 예방접종을 하면 그 질병에 대해서는 완벽하게 예방되는 게 일반적인 일이다. 파상풍 예방접종을 하면 파상풍에 걸릴 위험은 완전히 사라지듯이 말이다.

독감예방접종은 분명히 많은 생명을 살릴 수 있는 수단이지만, 다른 의료 처방들과는 완전히 다른 성격을 지니고 있기에 불신을 받고 있었다. 건강한 상태에서 접종해야 하고, 예방 효과가 유지되는 기간이 짧으며, 그 기간이 지났을 때 독감에 걸리지 않은 것이 예방접종 때문인지를 확인할 방법도 없다. 보건 서비스 부문에서 인종주의가 현실로 나타나는 나라에서 살아가는 흑인들로서는 이와 같은 성격의 접종을 신뢰하기가 어려우며, 그렇기에 독감 예방 접종률이 낮고 독감으로 인한 사망자 숫자는 높게 나타난다.

보통 이러한 상황에서 흑인 보험 가입자의 독감 예방 접종률을 높일 수 있는 방법을 찾아보자고 하면 다음과 같은 아이디어들이 나올 것이다. "흑인 스타 비욘세를 이용해 독감예방접종의 중요성을 홍보합시다!" "터스키기 매독 실험의 내부 고발자에게 부탁해 독감예방접종은 믿어도 된다는 내용의 신문 기고문을 하나 받아오죠!" 이 모두 꽤 매력적인 아이디어들이다.

하지만 독감 예방 접종률에 작용하는 압력에 대해서는 전혀 언급되어 있지 않다. 접종 비용, 접종 센터나 병원에 대한 접근성, 접종을 할 수 있는 시간대와 장소, 주사를 맞을 때의 아픔과 주삿바늘에 대한 두려움 같은 것들 말이다. 평범해 보이는 압력도 중요해 보이는 압력만큼이나 행동변화에 효과적일 수 있다. 따라서 어느 한 압력에 매몰되는 것은 피해야 한다. 분위기에 휩쓸려 확증편향을 갖지 않도록 항상 조심하라. 매력적으로 보이는 의견이 나오면 우리는 거기에 매몰되고, 그럼 모든 일이 어느 한 의견을 중심으로 진행되는 상황이 만들어질 수 있다.

개입 설계를 할 때 이 단계의 핵심은 최대한 많은 아이디어를 이끌어내는 것이다. 이 단계에서는 행동목표의 방향성이 완전히 달라질 수도 있고, 특정 압력에 집중하자는 결정이 나올 수도 있고, 다수의 개입이 조합되어 효과적인 개입이 만들어질 수도 있고, 인위적인 제한이나 가정이 만들어질 수도 있다. 따라서 최대한 많은 개입을 테이블에 올려놓으려고 해야 한다. 단, 그러한 개입은 앞 단계에서 파악된 압력과 직접적으로 관련 있는 것이어야 한다.

이 단계에서는 개입의 실현 가능성을 미리 따져보지 않아도 된다. 우리가 사는 세상에서는 우리 예상과는 반대로 상황이 전개되는 경우가 많기 때문에 지금 시점에서 실현 불가능하다는 판단을 내려서는 안 된다. 나중에 개입을 선별하는 단계에서 시간을 충분히 두고 실현 가능성을 따져볼 수도 있고, 지금 단계에서 실현 가능성이 높다고 판단한 개입이라 하더라도 투입 가능한 자원의 한계 때문에 포기해야 할 수도 있다. 다양한 개입이 제안되면 이렇게 말하는 직원도 있게 마련이다. "그건 효과가 없을 것 같습니다." 이럴 때는 그 직원에게 파일럿 프로그램과 실험으로 검증할 거라고 말해줄 필요가 있다. 어떤 개입이 어떤 행동변화로 이어지는지는 직접 해보기 전까지는 모르는 일이다.

독감 예방 접종률을 높이는 방법을 찾는 과정에서 우리는 하나의 개입으로 다수의 압력에 영향을 끼칠 수 있는 것을 찾으려 했다. 접종의 효과성, 생체실험, 부작용 등에 대한 불신은 모두 신뢰와 관련 있는 것인데, 그렇다면 독감예방접종의 신뢰를 높일 수 있는 단 하나의 개입이 있다면 무엇일까? 비용과 접근성은 서로 관련이 있다. 이동하는 데 교통비가 들고, 이동 시간이 길어지면 하루의 소득을 포기해야 할 수도 있기 때문이다. 비용은 줄이고 접근성은 높이는 개입이 있다면 무엇일까?

개입에 관한 아이디어들을 내놓을 만큼 내놓은 다음 우리는 다시 압력으로 돌아갔다. 정량적·정성적 평가를 통해 가장 영향력이 큰 것으로 판단되는 압력을 찾아낸 뒤 그 압력과 관련된 개입을 찾기 시작했다. 흑인 보험 가입자의 독감예방접종을 가로막는 가장 두드러지는 압력은 불신이라는 억제압력이었다. 클로버헬스의 보험 가입자에게는 독감예방접종이 무료이고, 가까운 약국에서도 접종할 수 있었다. 그럼에도 독감예방접종을 하지 않는 것은 불신 때문이었다.

우리는 흑인 사회의 신뢰에 대한 연구 보고서를 이미 갖고 있었다. 그래서 그 연구 보고서를 읽어보고, 직접 설문조사를 하고, 팀원들끼리 의견을 교환해 흑인 사회의 신뢰에 대한 데이터를 분석했다. 그런데 예방접종을 가장 할 것 같지 않은 사람도 교회에는 매주 참석했다. "우리 교인들이 믿는 거라면 나도 믿습니다." 이것이 그들의 사고방식이었다.

종교 지도자의 도움을 얻어 독감예방접종에 대한 신뢰도를 높이자는 것이 우리가 결국 찾아낸 개입이었다. 교회의 지도자가 신자에게 독감예방접종을 하자는 편지를 보내거나 설교 도중에 교회 공동체의 건강을 위해 독감예방접종을 할 필요가 있다고 언급하는 것이다. 아울러 신자가 독감예방접종을 하면 클로버헬스에서 교회의 활동을 지원하는 등의 다양한 방법도 제안되었다. 여기서도 되도록 다양한 개입 아이디어를 이끌어내는 것이 바람직하다. 그래야 행동변화의 가능성도 커진다.

종교와 관련되지 않은 다른 개입 아이디어도 많이 나왔다. 클로버헬스는 보험 가입자를 대상으로 "왜 귀하에게는 건강한 상태를 유지하는 일이 중요합니까?"라는 실문을 하고 그에 대한 자유 응답을 받아 보관하고 있는데, 이 응답을 기반으로 독감예방접종을 하지 않는 보험 가입자를 개별적으로 설득할 수도 있을 것이다. 예를 들어 손자나 배우자의 행복을 위해서, 외부 활동을 잘하기 위해서, 동네 길고양이에게 밥을 주기 위해서(이렇게 응답한 보험 가입자도 한 명 있었다) 독감예방접종을 해야 한다고 설득하는 식이다. 이렇게 해서 모두 스무 개 정도의 개입이 제안되었는데, 행동변화 디자인 프로세스에서는 이 정도의 개입이 제안되는 게 적절하다.

여기까지 진행한 다음에는 최적의 개입을 선별할 차례다. 그리고 여기서는 어떤 개입에 대한 파일럿 프로그램을 진행할 것인지 주관적으로 결정할 수밖에 없다. 가능성을 판단하고, 압력을 파악한 뒤에 확인하는 단계까지는 과학적 접근법을 활용했지만, (현실적으로 그렇게 해서 제안된 개입들을 모두 파일럿 프로그램으로 이끌고 갈 수는 없기 때문에) 이제는 선택을 내려야 한다. 어느 정도 도박을 할 수밖에 없는 것이다.

하지만 그 도박의 승률을 최대한으로 끌어올릴 수는 있다. 제안된 개입을 모두 파일럿 프로그램으로 이끌고 갈 수는 없지만, 그렇다고 해서 파일럿 프로그램을 한 번만 해야 하는 것은 아니다. 개입의 선택 단계는 이 단계에서 단 하나의 해법을 찾아내는 게 목표가 아니라 파일럿 프로그램으로 진행할 다수의 개입을 선택하는 게 목표다. 이렇게 함으로써 행동변화를 일으킬 가능성을 극대화할 수 있기 때문이다. 다른 과학과 마찬가지로 행동과학 역시 지금의 선택이 틀릴 수 있다는 가정을 기본으로 해야 한다.

사실 이 마지막 문장과 같은 사고방식은 나를 고용한 사람들이 내게 불만을 표시하는 가장 큰 이유이기도 하다. 다수의 파일럿 프로그램이 포함된 프로젝트를 진행하고 있는데, 그 파일럿 프로그램이 전부 실패할 수도 있다고 이야기하면 좋아할 사람은 아무도 없다. 하지만 결과에 대한 경계는 중요하다. 정말로 위험한 것은 확증편향을 갖

파일럿 프로그램 진행 시 차별성 극대화

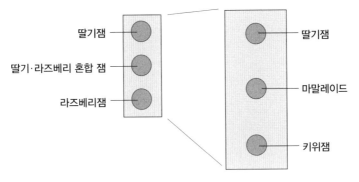

고 자신이 옳다고 믿는 개입을 중심으로 모든 상황을 해석하는 일이다. 베트남전쟁을 생각해보라. 어떤 판단 때문에 치르는 비용은 생각보다 훨씬 더 커질 수 있다.

파일럿 프로그램으로 진행할 개입을 선택할 때는 선택한 개입이 되도록 넓은 영역을 커버하도록 조정하는 게 바람직하다. 바로 연구자들이 차별성 극대화optimum distinctiveness라고 부르는 방식이다. 예를 들어 자신의 입맛에 가장 잘 맞는 과일잼을 찾아보는 일을 생각해보자. 여기서 딸기잼, 라즈베리잼, 딸기·라즈베리 혼합 잼 세 가지를 선택해 맛을 본다면 그건 차별성 극대화가 아니다. 가능한 대안을 너무 좁은 영역에서만 찾았기 때문이다. 이 세 가지 맛은 서로 큰 차이가 없기 때문에 여기서 가장 맛있는 걸 고른다 하더라도 그것이 자신의 입맛에 가장 잘 맞는 과일잼인지는 확신할 수가 없다. 자신의 입맛에 가장 잘 맞는 과일잼을 찾는 과정에서 차별성 극대화를 추구하려면 딸기잼, 마말레이드, 키위잼 등과 같이 맛의 영역을 더 넓게 가져가야 한다.

파일럿 프로그램의 진행을 쉽게 하려면 다수의 개입을 혼합해 진행하는 게 좋다. 우리는 독감 예방 접종률을 높이려면 신뢰가 가장 중요하고, 신뢰를 얻으려면 종교 커뮤니티의 도움을 얻는 게 좋겠다는 결론을 내렸다. 그리고 생리적인 이유나 비용과 관련된 억제압력을 낮추려면 접근성과 편리성을 높이는 것도 중요했다. 이러한 점을 고려해 교회에 독감예방접종 클리닉을 설치하기로 했다. 그리고 독감예방접종은 노약자만 하는 거라는 인식을 깨뜨릴 수 있는 강한 촉진압력도 제시하기로 했다. 바로 자신이 독감에 걸리면 교회의 다른 사람에게 독감을 전염시킬 수 있는데, 그들 가운데는 몸이 약한 사람도 있다는 점을 알려주는 것이다.

'어느 일요일에, 주로 흑인 신자들로 구성되어 있는 교회에 독감예방접종 클리닉을 설치하고, 신자들에게 교회 공동체의 건강을 위해 독감예방접종을 하라고 설득한다.' 이는 다수의 압력을 통제할 수 있는 하나의 개입이다. 즉 다수의 개입이 혼합된 하나의 개입이다. 시간 여유가 충분하다면 각각의 개입에 대해 별도로 파일럿 프로그램을 진행할 수도 있겠지만(교회에 독감예방접종 클리닉을 설치하는 것, 목사에게 부탁해 신자들에게 독감예방접종을 하자는 편지를 보내는 것, 가족이나 친구의 건강을 위해 독감예방접종을 해야 한다는 메시지를 전달하는 것

등), 꼭 그렇게까지 할 필요는 없다. 우리 목표는 사람들의 행동변화를 이끌어내는 것이지, 지식을 얻는 게 아니다. 어떤 개입이 어떤 효과로 이어지는지 일일이 알고 있을 필요는 없다. 혼합된 개입이 의미 있는 행동변화를 이끌어내고, 이를 넓은 범위에서 확대해 실행할 수 있다는 점만 확인하면 그것으로 충분하다. 우리는 지식이나 정보를 얻는 일 그 자체에 매몰되기 쉬운데, 오히려 그것이 비효율로 이어질 수 있다.

개입의 선택 단계에서 우리는 불필요하게 복잡하거나 거대한 개입은 제외했다. 모든 보험 가입자의 집을 일일이 방문해 독감예방접종을 해주자는 의견이 나왔고 이는 유효한 개입이라는 결론이 내려졌지만, 파일럿 프로그램으로까지 가지는 않았다. 너무나도 복잡한 개입이었기 때문이다. 우선 독감백신은 냉장 보관을 해야 하고, 자격을 갖춘 사람이 접종해야 한다. 게다가 가정 방문에 거부감을 보이는 사람도 많다. 우리는 이 개입이 지니고 있는 몇 가지 장점을(편리성, 특화된 서비스, 배려의 느낌 부여 등) 살려 다른 개입을 보완하는 정도로만 활용했다.

선택한 개입이 어느 정도 범위에서 실행되고 영향력을 만들어내는지도 확인해야 한다. 선택한 개입은 집단의 일부분에 대해서만 행동변화를 이끌어내는가? 그와 같은 개입은 매우 제한된 조건하에서만 진행될 수 있는가? 그와 같은 개입에 대해 특정 시간대에만 접근할 수 있는가? 행동목표를 만들고 그 대상이 되는 집단을 정했다면 그

다음으로 진행되는 개입의 선택은 효율성에 대한 것이 된다. 진행하기 쉽고 비용도 적게 들면서 더 넓은 범위에서 영향력을 만들어내는 개입을 선택해야 한다.

그렇게 좋은 걸 쉽게 찾아낼 수 있을지 의구심을 보이는 사람도 있을 것이다. 하지만 인간은 언제나 좋은 답을 찾아낸다. 의식하지 못하더라도 우리 두뇌는 더 좋은 해답을 찾아내기 위해 끊임없이 움직인다. 우리는 그냥 지나치다가 맡는 냄새만으로도 자신도 인식하지 못하는 사이에 수많은 판단을 내리고, 그러한 판단은 선택으로 이어진다. 인간은 대안들을 찾아내고, 그 가운데 가장 효율적인 것을 선택하는 작업을 반복함으로써 지금에 이른 존재다.

개입 선택의 핵심은 변화를 이끌어내고자 하는 행동에 집중하는 것이다. 된다, 안 된다 예단해서는 안 된다. 다른 곳에서는 되는 일이 여기서는 안 될 수도 있고, 다른 상황에서는 실패한 개입이 이번 상황에서는 성공할 수도 있다. 개입을 선택할 때는 차별성 극대화라는 원칙을 지켜야 한다. 이것이 행동변화의 가능성을 더욱 높이는 방법이기 때문이다.

소셜네트워크 서비스 기업인 미트업Meetup의 안드레스 글러스먼 Andres Glusman 부사장과 함께 저녁 식사를 한 적이 있다. 미트업은 웹사이트를 기반으로 관심을 공유하는 사람들의 온오프라인 모임을 지원하는 서비스를 제공하는데, 글러스먼과 나는 같은 행사에서 강연을 했던 일이 계기가 되어 연락을 주고받고 있다. 특히 그가 강연에서 소개했던 미트업의 한 사례는 개입 선택과 관련해 내가 가장 좋아하는 사례 가운데 하나이기도 하다(안드레스 글러스먼의 강연은 유튜브에서 찾아볼 수 있다).

글러스먼이 소개했던 사례는 미트업이 한창 빠르게 성장하고 있던 무렵의 일인데, 당시 미트업은 스팸 문제로 골치를 앓고 있었다. 순수 모임 목적이 아닌 상품 판매를 목적으로 하는 사람들이 서비스를 사용하면서 미트업의 행동목표를 희석하고 있었던 것이다. 그래서 글러스먼의 팀은 스팸 문제를 해결하기 위한 여러 개입을 설계하고 있었다. 그때 CEO인 스콧 하이퍼먼Scott Heiferman이 미트업을 개설할 때 모든 사용자에게 "나는 사람들과의 순수 교류 목적을 위한 커뮤니티를 만든다고 서약합니다"라는 체크박스에 확인을 하게 하자는 제안을 내놓았다.

처음에 글러스먼은 그 제안에 회의적이었다. 체크박스라는 추가적인 절차가 일반 사용자에게도 억제압력으로 작용하면서 미트업 개설 숫자가 줄어들 것 같았기 때문이다. 하지만 한편으론 사용자에게 미트업의 서비스를 더욱 분명히 인식하게끔 해주고, 게다가 미트업을 개설할 정도의 사람들은 열정적인 지지자이기에 체크박스에 확인하는 정도의 추가적인 작업 때문에 미트업을 떠나지는 않을 거라는 생각이 들었다. 글러스먼은 대안을 찾는 단계에서 미리 가능성을 닫아놓아서는 안 된다고 결정했다.

스콧 하이퍼먼의 제안은 긍정적인 결과로 이어졌다. 체크박스를 도입한 뒤로 스팸이 줄어들었고, 순수 교류 목적의 미트업 개설 숫자는 16퍼센트 증가했다. 미트업 개설자들은 이 서비스의 열정적인 지지자였기 때문에 추가적인 체크박스 확인이라는 억제압력 때문에 서비스를 떠나지는 않았다. 게다가 체크박스에 적혀 있는 미트업 서비스의 목적은 서비스 사용자에 대해 촉진압력을 높여주는 효과를 만들어냈다. 미트업이 이와 같은 긍정적인 결과를 거둘 수 있었던 것은 제안된 개입을 파일럿 프로그램으로 진행하고, 이를 통해 긍정적인 효과를 직접 확인했기 때문이다. 잘될 거라고 여겨지는 개입만을 파일럿 프로그램으로 진행하는 것은 스스로 가능성을 차단하는 일이다. 여러 실패 가능성이 지적되더라도 현명하게 리스크를 감수할 수 있어야 실제로 어떤 일이 일어나는지를 확인할 수 있다.

6장

윤리적으로
판단하라

//////////////////////////////////////

우리가 만들어내는 모든 것은 어떤 변화를 일으킨다. 그리고 누군가의 행동변화를 이끌어내는 것은 우리 인생의 가장 값진 역할이 될 수 있다. 교사나 의사, 부모의 역할을 생각해보라. 그런데 의도적으로 누군가의 행동변화를 이끌어낸다고 하면 부정적인 인식을 주는 게 일반적이다. 쓸데없는 물건을 팔고, 다른 사람을 조종하고, 누군가를 속이는 이미지를 떠올리게 하는 경우가 더 많다. 흡연이나 과소비를 하고 설탕이 든 음료를 섭취하라고 설득하는 것처럼 말이다.

사실 인간의 심리작용은 그렇게 합리적으로 작용하지 않는다. 취약한 자아상을 보호하기 위해 당연한 논리를 깨뜨리는 경우도 잦다. 다음과 같은 심리작용을 생각해보라. '내가 착한 일을 하는 것은 내가 착하기 때문이고, 내가 나쁜 일을 하는 것은 환경이 나를 그렇게 만들었기 때문이다. 다른 이가 착한 일을 하는 것은 환경이 그를 그

렇게 만들었기 때문이고, 다른 이가 나쁜 일을 하는 것은 그가 나쁘기 때문이다.'

이와 같은 심리작용은 세상일에 대한 인식에도 영향을 끼친다. 다음과 같은 인식을 생각해보라. '누가 성폭행을 당했다면 그건 그 사람이 옷을 야하게 입었기 때문이다. 누가 뚱뚱하다면 그건 그 사람이 게으르기 때문이다. 누가 생활비도 제대로 못 벌고 있다면 그건 그 사람이 멍청하기 때문이다. 그렇기 때문에 나는 멍청하지도 않고, 게으르지도 않고, 옷도 제대로 입고 다니는 그런 사람이다(물론 이런 인식은 매우 잘못된 것이며, 나는 그것에 대해 온갖 비난을 퍼붓고 싶다).'

우리는 나쁜 행동을 했다는 것을 인식하면 자신의 행동을 유발한 외부적 요인을 찾으려고 한다. 나의 나쁜 행동을 유발한 악마를 찾는 것이다. '나는 너무나도 착하고 순수하고 인품도 좋은데, 그들의 나쁜 마케팅 활동 탓에 그런 행동을 하게 되었어. 그들이 나를 속였어.'라는 식으로 생각하면서 말이다. 하지만 평소에는 자유의지에 따른 행동변화를 믿는다. 이는 모순되는 일이다(이런 식으로 우리는 자신의 자아상을 보호하면서 다른 사람의 인품을 깎아내린다. 그리고 이 세상이 나쁜 사람들 천지라고 생각한다).

그렇지만 본질적으로 보면 학교의 교사나 기업의 마케터들은 모두 행동과학자다. 행동변화를 위한 이들의 의도 자체에 대해 윤리적이라거나 또는 비윤리적이라고 평가하는 것은 적절하지 않다. 이들의 개입은 우리의 욕구 실현을 도와줄 수 있고, 이 개입에 윤리성이 더

해지면 우리가 사는 세상을 더 나은 곳으로 만드는 가장 효과적인 도구가 된다(이들의 개입에 대해 처음부터 윤리적·비윤리적이라는 판단을 내려서는 안 된다). 마찬가지로 어떤 개입은 다른 사람에게 해를 끼칠 수도 있기 때문에 행동변화 디자인 프로세스에 임할 때는 책임감을 느껴야 한다. 행동변화라는 건 어느 한쪽에는 패배나 손실을 뜻하는 것일 수도 있다. 따라서 자신이 추진하는 행동변화 디자인 프로세스로 생기는 결과를 폭넓게 이해해야 하고, 어느 날 갑자기 비윤리적이고 부끄러운 일을 한 사람이 되지는 말아야 한다. 행동변화 디자인 프로세스 때문에 생긴 영향력은 우리 예상과는 달리 훨씬 더 확산될 수도 있다. 그리고 우리는 그 결과에 책임을 져야 한다.

이러한 이유에서 우리는 선택한 개입을 파일럿 프로그램으로 진행하기에 앞서 그 개입에 대해 윤리적 판단을 내려야 하며, 판단을 내릴 때는 '어떤 행동변화를 이끌어내려고 하는가'와 '어떤 식으로 행동변화를 이끌어내려고 하는가'에 초점을 맞춰야 한다. 또한 우리가 하려는 일이 '의도-행동 간격'과 '의도-목표 간격'을 줄이게 되는지도 생각해봐야 한다.

의도-행동 간격은 까다로운 개념이 아니다. 행동과학에서도 많이 다뤄지고, 이미 우리가 일상적으로 경험하는 것이다. 의도-행동 간격이 발생하는 경우를 예로 들면 다음과 같다. '운동하러 체육관에 가려고 생각은 하고 있었지만, 가지 않았다.' '건강한 음식을 먹으려고 생각은 하고 있었지만, 설탕이 잔뜩 들어 있는 스낵만 먹었다.'

'이 책의 원고를 2년 전에 탈고하려고 생각은 하고 있었지만, 그렇게 하지 않았다…. 내가 게을렀거나, 아니면 너무 바빴거나 해서.'

우리가 행동변화 디자인 프로세스를 따른다면 '어떤 행동변화를 이끌어내려고 하는가'와 관련된 윤리 문제는 사라진다. 행동목표에 사람들의 욕구, 즉 의도가 나타나 있고 의도 – 행동 간격을 줄이려는 것이 우리가 하려는 일이기 때문이다. 의도가 없는 사람에게까지 우리가 바라는 행동변화를 이끌어내려는 것은 윤리적으로 문제가 있지만, 의도가 있는 사람에게 의도 – 행동 간격을 줄이기 위한 개입을 하는 것은 '어떤 행동변화를 이끌어내려고 하는가'와 관련해 윤리적 문제를 일으키지 않는다. 다시 말해 체육관에 가고자 하는 욕구가 있는 사람에 대해 체육관에 가도록 개입하는 것은 일단은 윤리적으로 문제가 없다. 여기서 윤리적으로 조심해야 하는 부분은 '어떤 식의 개입'을 하느냐다.

의도 – 목표 간격은 행동과학에서 그리 자주 다뤄지는 개념은 아니지만, 윤리적으로 중요한 의미가 있다. 바라는 목표가 있지만 그것을 위한 행동에 나설 의도는 없을 때 의도 – 목표 간격이 벌어진다. 예를 들어 다음과 같은 경우다. '식스 팩 복근을 갖고 싶지만, 힘들게 운동할 의도는 없다.' '전염병을 예방하고 싶지만, 손을 씻을 의도는 없다.' '애인이 있기를 바라지만, 샤워할 생각은 없다.'

사람들이 행동목표의 행동을 분명하게 거부한다면 그들의 욕구만 바라보고 개입할 수는 없다. 또한 의도 – 목표 간격의 문제를 해결한다고 하더라도 그런 문제는 여전히 남을 수 있기 때문에 이때는 '어떤 행동변화를 이끌어내려고 하는가'와 '어떤 식으로 행동변화를 이끌어내려고 하는가'를 모두 따져봐야 한다. 먼저 우리가 이끌어내고자 하는 행동변화와 의도 – 목표 간격을 생각해보자.

의도 – 목표 간격과 관련된 기본적인 윤리 원칙은 다음과 같다. '우리가 이끌어낸 행동변화가 집단의(사람들의) 욕구에 따른 결과가 아니라면 그것은 비윤리적이다.' 다시 말해 유효한 행동목표를 기술하지 못한다면 행동변화를 위한 시도는 처음부터 잘못된 것이다.

좀 더 쉽게 이해하기 위해 독감예방접종 사례로 돌아가 보겠다. 일반적으로 병원에서 독감예방접종을 권유할 때 의사는 이렇게 말하고 넘어간다. "독감예방접종 하셨나요? 안 하셨어요? 꼭 접종하셔야 해요." (의사는 왜 독감예방접종을 하는 미국인이 절반도 안 되는지 의아해하지만, 그냥 그렇게 넘어간다.) 이러한 접근법에서 의사는 의도 – 행동 간격과 의도 – 목표 간격 같은 것을 전혀 고려하지 않았다. 반면에 클로버헬스는 독감예방접종을 권유할 때 사람들의 의도를 먼저 확인하려고 했다. 설문조사에서 지난해에 독감예방접종을 했는지, 하지 않았다면 접종하려는 의도는 있었는지 물어본 것이다. 그러자 독감예방접종을 하지 않았다는 사람들 가운데 50퍼센트 정도는 접종하려는 의도는 있었으나 하지 않았고(집 근처에 접종하는 곳이 없었거나 시간이 없었다는 등의 이유로), 50퍼센트 정도는 접종하려는 의도 자체가 없었다고 응답했다. 다시 말해 절반은 의도 – 행동 간격을, 나머지 절반은 의도 – 목표 간격을 가진 것으로 나타났다.

여기서 다음과 같은 윤리 문제가 떠오른다. '독감예방접종을 하려는 의도 자체가 없었다는 사람들에 대해 행동변화를 추진하는 게 윤리적으로 옳은가?' 이에 대한 답을 얻으려면 이들의 의도 – 목표 간격을(그들은 건강한 상태를 유지하고 싶어 했지만 독감예방접종을 하고 싶어 하지는 않았다) 좀 더 자세히 들여다봐야 한다.

의도 – 목표 간격을 가진 사람들 가운데는 바라는 목표와 그것을 위한 행동이 서로 관계있다는 사실을 인지하지 못해 행동에 대한 의도를 갖지 않는 사람이 있다. 예를 들어 건강한 상태를 유지하고 싶은데 독감예방접종이 건강한 상태를 유지하는 데 도움이 된다는 사실을 인지하지 못해 접종하지 않는 식이다. 이때 의도 – 목표 간격은 정보의 문제일 뿐이고, 올바른 정보만 제공된다면 이런 문제는 사라진다. 다만 클로버헬스의 보험 가입자는 거의 다 독감예방접종이 건강한 상태를 유지하는 데 도움이 된다는 점을 알고 있었고, 이때 의도 – 목표 간격은 정보 문제 때문은 아니다. 사실 요즘에는 정보 문제가 의도 – 목표 간격을 만들어내는 경우는 거의 없으며, 그런 이유에서 정보 제공과 관련된 개입은 우리가 기대하는 것만큼의 효과로 이어지지 않는다.

그렇다면 어떻게 해야 할까? 사람들은 건강한 상태를 유지하고 싶어 하지만 독감예방접종을 하고 싶어 하지 않았고, 그러면서도 접종해야 건강한 상태를 유지한다는 점은 알고 있었다. 이런 상황에서는

'어떤 〔집단〕의 사람들이 건강한 상태를 유지하고 싶어 할 때 그들이 〔특정 외부 조건〕을 갖고 있다면, 그들에게 독감예방접종을 하도록 하고 이를 〔데이터〕로 평가한다'라는 행동목표가 의미 없어지고, 행동변화를 추진하는 것은 윤리적인 일이 되지 못한다. 여기서 독감예방접종의 설득이 윤리적인 일이 되려면 다른 욕구를 찾아야 한다.

행동변화의 추진이 윤리적인 일이 되려면 행동변화가 사람들의 욕구에 따른 것이어야 한다. 우리가 생각하기에 옳은 목표를 위해 다른 사람의 행동변화를 추진하는 것은 윤리적이지 못하다. 사람들이 '건강한 상태의 유지'를 말하면서도 독감예방접종을 하지 않는다면 이번에는 그들에게 '다른 사람들의 건강 유지'라는 새로운 욕구를 제시해보는 것이 방법이 될 수 있다. 그들은 건강한 상태를 유지하는 게 중요하다는 점을 이미 인식하고 있고 손주와 자녀, 배우자, 교회 공동체 사람들의 건강을 걱정하는 것 또한 보편적인 일이기 때문에 '다른 사람들의 건강 유지'는 이들에게 독감예방접종을 해야 하는 이유가 될 수 있다.

그런데 행동변화가 윤리적인 것이 되려면 우리가 대상으로 삼는 집단에만 좋은 일이 되어서는 안 된다. 담배를 떠올려보라. 모든 사람이 멋있어 보이기를 원하고, 담배를 피우는 모습은 멋있어 보이니까 더 많은 사람이 피우도록 행동변화를 추진하는 것이 윤리적으로 문제가 없다는 주장이 나올 수도 있다. 이런 이유로 윤리적 판단을 위한 두 번째 조항이 있다. '행동변화가 사람들의 욕구 때문이 아니

거나, 행동변화로 생기는 효용이 다른 욕구의 손실을 넘어서지 않는
다면 그러한 행동변화는 윤리적이지 않다.'

독감예방접종의 예는 이 조항을 충족한다. 접종자의 건강과 주위
사람들의 건강을 유지해주면서 다른 욕구의 손실을 유발하지 않는
다. 반면에 흡연은 이 조항을 충족하지 못한다. 담배를 피우는 사람
은 흡연이 욕구에 따른 행동일지 몰라도, 흡연은 조기 사망을 불러올
수 있다. 즉 흡연은 생명의 손실을 유발할 수 있기에 이 조항을 충족
하지 못하고, 윤리적이지 않다는 것이다.

여기까지 '어떤 행동변화를 이끌어내려고 하는가'에 대한 윤리적
판단을 이야기했다. 이제부터는 '어떤 식으로 행동변화를 이끌어내
려고 하는가'에 대한 윤리적 판단을 이야기할 차례다. 다행스럽게도
후자의 윤리적 판단도 전자의 연속선상에 있다. 조금 전에 소개한 윤
리적 판단을 위한 두 번째 조항은 개입과 관련해 다음과 같이 확장된
다. '행동변화가 사람들의 욕구 때문이 아니거나, 행동변화 또는 개
입으로 생기는 효용이 다른 욕구의 손실을 넘어서지 않는다면 그러
한 행동변화 또는 개입은 윤리적이지 않다.'

독감예방접종을 이끌어내기 위한 개입으로서 편지에 다음과 같은
내용을 담는 경우를 생각해보라. '독감예방접종을 하지 않으면 당신
의 손자가 죽게 될 겁니다.' 첫째, 이 문구는 거짓말이다. 둘째, 이 문
구는 사람들을 너무 우울하거나 화나게 한다. 이 문구가 유발하는 감
정적 손실은 독감예방접종으로 생긴 효용을 넘어설 가능성이 크며,

그런 경우 이와 같은 개입은 비윤리적이다.

하지만 담배를 팔려는 사람들은 흡연의 장점을 과장하거나 흡연 때문에 생기는 손실의 원인을 다른 쪽으로 돌리는 식으로 마케팅을 할 수도 있다. 인간의 두뇌는 자신의 행동을 합리화하는 방향으로 인식을 조종하도록 만들어졌기 때문에 이 같은 일은 얼마든지 일어날 수 있다. 행동목표와 윤리적 판단 기준 등을 마련하더라도 이런 일을 완전하게 막을 수는 없다. 따라서 윤리적 판단 기준에 투명성 또는 객관성을 추가해야 한다.

앞에서 소개한 윤리적 판단 기준에 나오는 비용·효용 비율은 주관적으로 정해지는 것이기 때문에 사람에 따라 서로 다르게 나타난다. 담배를 팔아야 생계를 이을 수 있는 담배 마케터들은 흡연 때문에 생기는 비용을 낮게 인식하고, 효용을 높게 인식하려는 경향을 보인다. 따라서 행동목표와 개입에 대한 윤리적 판단의 객관성을 높이려면 직접적인 이해 당사자가 아닌 사람들을 윤리적 판단에 참여하게 해야 한다. 과학 연구에서 다양한 방법의 검증으로 수렴타당도를 추구하는 것과 마찬가지로 윤리적 판단을 위한 비용·효용 비율의 판단을 다양한 사람에게 받아보는 것이다. 이미 몇 번 언급했지만, 다양한 경로로 검증할수록 결과의 타당도는 더 높아진다.

물론 완전한 객관성을 추구하는 것은 가능하지 않을 수도 있다. 이는 비즈니스 측면의 고려 때문이거나, 법규 때문이거나, 행동변화를 위한 개입을 너무 넓은 범위에서 공개할 수 없기 때문일지도 모른다.

그럼에도 윤리적 판단에 따른 객관성을 최대한 추구하는 게 바람직하다. 기업 내 다양한 조직에서 일하는 사람들에게 의견을 받고, 관련 분야의 전문가에게 컨설팅을 의뢰하고, 윤리심사위원회 같은 기구에서 윤리적인 판단을 구하는 식으로 말이다. 클로버헬스는 직원들에게 윤리 과정을 이수하도록 하고, 내부적으로 윤리위원회를 운용한다. 또한 우리가 추진하려는 개입을 회사 블로그에 전부 공개하고 있다.

이번 장에서 이야기한 윤리적 판단을 위한 원칙을 이해하기 쉽게 구분해보면 다음과 같다.

- 우리가 추구하는 행동변화가 사람들의 욕구 때문이 아니거나
- 행동변화 또는 개입으로 생기는 효용이 다른 욕구의 손실을 넘어서지 않거나
- 추구하는 행동변화나 개입을 투명하게 공개하지 않거나 그로 말미암은 결과에 책임을 지지 않는다면
- 우리가 추구하는 행동변화 또는 개입은 윤리적이지 않다.

나는 윤리적 판단을 위한 원칙에 마지막으로 투명성과 책임이라는 개념을 추가했다. 우리가 내리는 윤리적 판단에는 언제나 확증편향이 개입될 수 있다. 자의적으로 윤리적이라는 판단을 내릴 여지가 있는 것이다. 행동과학의 원리를 추진할 때는 특정 개입과 사랑에 빠지

는 것을 조심하고, 항상 결과에 집중해야 한다.

공포심이나 불안감을 통해 촉진압력을 높이려는 개입에 윤리적이라는 판단을 내릴 수 있을까? 놈 셰이버Noam Scheiber는 2017년 4월 2일자로 올라온 〈뉴욕타임스〉 기고문에서 우버가 행동과학을 이용해 우버의 운전자에게 더 많이 운전하게 한다고 주장했다.[6] 안전을 위해 휴식을 취해야 하는 상황에서도 우버 운전자들이 계속해서 운전하고 있다는 것이다. 이러한 주장에 대해 우버의 홍보 책임자인 마이클 아모디오Michael Amodeo는 다음과 같은 반론을 냈다.

우리는 우버 운전자들에게 수요가 많은 지역을 알려주고, 더 긴 운전 시간에 대해 인센티브를 제공합니다. 그리고 운전자들은 언제라도 버튼 하나만 누르면 운전을 멈추고 휴식을 취할 수 있습니다. 언제 운전하고, 언제 휴식할지는 100퍼센트 우리 운전자들이 결정합니다.

이는 많이 들어본 설명이다. "그건 전부 그들 자신이 선택한 거라고요!" 하지만 이는 기업이 선택한 개입에 대한 구차한 변명일 뿐이다. 사람들의 행동변화를 위해 개입을 실행했다면 결과로서의 행동변화에 대한 윤리적 책임은 기업 측에 있다. "흡연자들은 언제라도 흡연을 그만둘 수 있습니다." 사람들의 흡연을 유도하려고 해마다 수십억 달러의 돈을 광고와 마케팅에 쓰는 담배 회사가 이렇게 말하는 것은 무책임하다. 마찬가지로 운전자가 휴식을 포기하게끔 유도

하는 정교한 프로그램을 운용하는 우버가 "우리 운전자들은 언제라도 휴식을 취할 수 있습니다"라고 말하는 것은 무책임하다. 우버의 운전자가 더 오랜 시간 운전을 함으로써 발생하는 효용은 운전자의 피로 때문에 생긴 사고가 유발하는 비용을 결코 넘어서지 못한다.

그런데 우버의 변명은 여기서 그치지 않았다. 우버의 리서치 책임 자인 조너선 홀Jonathan Hall은 〈뉴욕타임스〉에 다음과 같은 기고문을 올린 적이 있다. "게임을 오래 하거나 우버 차량의 운전을 오래 한다 고 해서 정신적 착취라고 할 정도의 영향을 끼치는 것은 아니다." 정 말로? 나는 그렇게 간단한 문제가 아니라고 생각한다. 어떤 개입이 되었든 효용이 비용보다 크지 않다면 그와 같은 개입의 실행은 당장 멈춰야 한다.

이번에는 페이스북 이야기를 해보겠다. 2014년 6월, 페이스북은 코넬 대학교 연구원을 비롯한 여러 연구원과 함께 진행한 연구를 발 표했다.[7] 페이스북이 뉴스피드 콘텐츠를 긍정적인 쪽으로, 또는 부정 적인 쪽으로 조정해보았더니 사용자 역시 자신이 접하는 콘텐츠의 성격에 따라 긍정적이거나 부정적인 콘텐츠를 더 많이 포스팅한다는 것이었다. 다시 말해 페이스북이 사용자의 감정을 조종했다는 것이 다. 황당한 일이었다.

어떻게 해서 페이스북은 누가 보더라도 비윤리적인 그와 같은 개 입을 했던 것일까? 첫째, 그들은 새로운 개입을 실행하기에 앞서 행 동변화 디자인 프로세스를 진행하지 않았다. 무려 70만 명에 이르는 사용자를 대상으로 삼는 개입을 실행하면서 소규모의 파일럿 프로그램도 실행하지 않았던 것이다. 만약 페이스북이 100명 규모의 파일럿 프로그램만 실행했더라도 자신들의 콘텐츠 내용 조정이 부정적인 감정을 만들어낼 것이라는 점을 파악했을 테고, 그럼 70만 명이나 되는 사용자의 감정을 다치게 하지도 않았을 것이다. 너무나도 안타깝지 않은가? 하지만 연구원들은 연구 논문에서 '연구 대상의 표본 크기가 매우 컸다'는 점을 오히려 자랑스럽게 내세웠다.

둘째, 이 연구는 윤리심사위원회의 심사를 거치지 않고 진행되었다. 이번 연구에 대한 사람들의 비난이 강해지자 논문을 게재한 측에서는 다음과 같은 입장문을 발표했다.

> 논문 저자들은 논문 발표를 준비하면서 〈국립과학원회보PNAS〉를 통해 다음과 같이 설명했다. "이번 실험은 페이스북이 진행하는 것이고, 페이스북 내부에서만 활용할 예정이었기 때문에 코넬 대학교 윤리심사위원회에서는 이번 프로젝트가 코넬 대학교의 실험 참가자 보호 프로그램의 대상이 되지 않는다고 판단했다." 그리고 이와 같은 설명은 코넬 대학교 측에서 확인했다.[8]

결국 페이스북은 외부 윤리심사를 회피한 셈이다. 윤리적 판단에 대한 투명성과 객관성을 추구하지 않은 것이며, 이는 70만 명을 대상으로 삼은 페이스북의 실험이 비윤리적인 개입이라고 볼 여지가 다분하다는 뜻이다.

셋째, 연구원들은 자신들의 실험이 잘못된 거라고 생각하지 않았다. 페이스북의 이번 연구가 문제가 되자 연구원들은 곧바로 사과하기는 했는데, 페이스북 사용자에게 끼친 부정적인 영향에 대해 사과한 게 아니라 연구 결과를 논문으로 발표했다는 사실을 사과했다. 페이스북 사용자의 감정을 조종해서 미안한 게 아니라 그와 같은 실험을 했다는 사실을 발표해서 미안하다는 것이다.

이번 실험에 대한 페이스북 측의 공식적인 반응은 사람들의 문제 제기 이후 몇 달이 지나서야 나왔고, 그마저도 페이스북 CTO(최고기술경영자)의 블로그 포스트 형식이었다.[9] 그는 감정 조종 실험에 관한 포스트에서 자신들이 긍정적인 콘텐츠를 강조했다는 부분만을 언급하고, 부정적인 콘텐츠를 강조한 부분은 언급하지 않았다. 이는 자신들의 실수에 대해 상황을 왜곡해서 전달하려 한 것이므로 비윤리적이라는 평가를 내릴 수 있는 부분이다.

그러면서 페이스북의 CTO는 앞으로 그와 같은 일이 또 일어나는 것을 방지하기 위해 몇 가지 장치를 마련해 시행하겠다고 했다. 윤리 지침을 마련하고, 내부적으로 윤리심사위원회를 설치하며, 직원을 대상으로 윤리교육을 실시하고, 페이스북이 주관하는 연구와 실험을 모두 공개하겠다고 했다(하지만 나는 회사에서 진행하는 연구와 실험만이 아니라 모든 유형의 개입을 전부 투명하게 공개해야 한다고 생각한다). 시가 총액 수천억 달러에 이르는 거대 기업 페이스북이 왜 이와 같은 조치를 사전에 취하지 않았는지 의문이다.

페이스북의 시가총액은 감정 조종 실험의 연구 논문이 발표되던 주에 140억 달러가 빠졌고, CTO의 블로그 포스트가 공개되던 주에 120억 달러가 빠졌다. 적절한 윤리적 판단이 이루어졌더라면 지킬 수도 있었던 가치다. 오늘날에 이르러 기업의 성공과 윤리는 서로 떼려야 뗄 수 없는 관계가 되어 있다.

7장

파일럿 프로그램으로
테스트하라

//////////////////////////////////////

어떤 이야기를 시작할 때 먼저 주제어의 사전적 정의를 설명한 다음 그 정의가 왜 잘못된 것인지를 지적하는 사람이 있다. 나는 그런 접근법을 너무나 싫어한다. 어떤 분야의 작업이 되었든 사람들이 용어의 의미에 대한 합의를 이루어내지 못하면 작업은 진행되지 못한다. 따라서 나는 이번 장을 시작하면서 중심 용어인 파일럿 프로그램, 더 넓은 범위의 실험, 개입의 본격적인 실행 등이 행동변화 디자인 프로세스에서 무엇을 의미하는지 명확하게 설명하려고 한다.

우선 이 세 가지 단계는 방금 나열한 순서대로 진행되는데, 즉 파일럿 프로그램을 실행하고 그다음 더 넓은 범위의 실험을 하는 식이다. 단계가 진행될수록 그 개입이 행동변화로 이어질지 여부가 더 확실해지고, 행동변화의 규모와 소요 비용 같은 정보도 점점 구체화된다. 또한 관여하는 사람의(실험에 참여하는 사람과 실험을 진행하는 사람)

숫자도 더 많아지고, 설계와 프로세스도 더 체계화되며, 최종적으로 그 개입이 기업의 정식 업무 절차가 된다.

파일럿 프로그램은 어떤 개입의 효과성이 전혀 검증되어 있지 않은, 즉 실패 가능성이 매우 높은 상황에서 진행하게 된다. 여기서는 대상 집단의 규모가 아주 작고, 속도가 중시되며, 진행 절차의 체계성은 중시되지 않는다. 파일럿 프로그램에서 진행 절차의 체계성이 중시되지 않는 이유는 이 프로그램이 나중에 반복되거나 정식 업무 절차가 될 가능성이 현재 시점에서는 아주 낮기 때문이다. 이와 같은 프로그램에 체계성을 부여하느라 자원을 투입하는 것은 오히려 낭비에 가깝다.

게다가 파일럿 프로그램에 체계성을 부여하지 않는 이유는 또 있다. 기업에서 어떤 서비스를 체계적으로 제공하면 고객은 그것을 정식 서비스로 인식하고 그 서비스가 중단되면 상실감을 느낀다. 또한 직원도 체계적으로 준비한 업무가 중단되면 상실감을 느낀다. 직원은 자신이 많은 노력을 해서 체계화한 정식 업무가 중단되면 조직에서 무시당하는 느낌을 받는데, 이는 조직의 리더가 자주 간과하는 부분이다. 따라서 어떤 개입이 실패로 끝나고 폐기될 가능성이 높은 파일럿 단계에서는 체계성을 부여하지 않고 소규모로 일을 빠르게 진행하는 편이 조직 구성원을 위해서도 바람직하다. 댄 애리얼리 교수는 레고 조립 실험에서 사람들에게 레고를 조립하게 하고 보수를 지급했다. 이 실험은 두 가지로 나눠서 진행했는데, 사람들이 레고를 조립하자마자 옆에 있던 실험 진행자가 조립품을 부숴버리는 경우와 조립한 레고를 사람들 앞에 그대로 두는 경우다. 그러자 전자의 경우에는 사람들이 얼마 안 가 레고 조립을 그만두었고, 후자의 경우에는 훨씬 더 오래 레고를 조립하고 보수를 받아 갔다.[10] 이처럼 어떤 일을 할 때 성취감은 매우 중요한 의미를 지니며, 이는 파일럿 프로그램을 진행할 때도 고려해야 하는 요소다.

파일럿 단계에서는 속도와 자원 활용의 효율성도 중요하다. 보통 다수로 선택된 개입에 대해 동시에 파일럿 프로그램을 진행하며, 그 숫자는 세 개에서 다섯 개에 이를 수도 있다. 파일럿 프로그램을 느리게 진행하면 전체 프로젝트의 진행도 느려지기 때문에 개입을 선택할 때는 진행 속도를 고려해야 한다. 만약 개입을 선택했다면 2주 이내에 파일럿 프로그램으로 진행하는 것이 좋다. 따라서 준비 기간이 길어질 듯하면 파일럿 프로그램의 규모를 줄여야 한다. 우편물로 대대적인 설문조사를 진행하려고 하는데 준비가 오래 걸릴 듯하다면 일단 전화로 시작하라. 또한 첨단 시스템을 활용해 파일럿 프로그램을 진행하려고 하는데 준비가 길어질 듯하다면 일단 스프레드시트로 직접 만든 자료를 활용하라. 다만 여기서도 행동변화를 이끌어낼 수 있느냐가 중요하다. 파일럿 프로그램의 진행 속도에만 몰입해 가능성이 높은 개입을 미리 거부하는 일은 피해야 한다.

파일럿 프로그램의 결과에 대해서도 정량적·정성적 확인이 이루어진다. 여기서는 표본의 크기가 아주 작기 때문에 통계적으로 의미를 부여하기는 어렵지만, 일단 방향성을 확인하고 다음 단계로 진행할지를 판단하는 것으로 충분하다. 교회에 독감예방접종 클리닉을 설치했더니 예전 같았으면 접종하지 않았을 사람들이 접종을 받았는가? 독감예방접종을 설득하는 편지를 받은 이들 가운데 접종받은 사람은 얼마나 있는가? 이미 수행한 파일럿 프로그램에서 다음 단계로 진행할지 여부를 판단할 수 있을 정도의 데이터를 얻지 못했다면 표본 크기를 더 키우고, 파일럿 프로그램을 다시 진행할 수도 있다.

확실한 결론을 얻는 게 목적은 아니지만, 파일럿 프로그램의 결과에 대한 확인은 매우 중요하다. 행동목표에 결과를 '[데이터]로 평가한다'는 부분이 나오는데, 파일럿 프로그램의 결과는 행동변화와 관련해 우리가 최초로 얻어내는 데이터가 된다. 정량적 확인을 하는 사람은 파일럿 프로그램의 결과를 참고해 앞으로 어떤 식으로 데이터를 수집할지 결정하고, 정성적 확인을 하는 사람은 파일럿 프로그램의 결과를 참고해 앞으로 표본이 되는 사람들에게 어떤 질문을 하고 어느 부분에 주목해야 하는지를 결정한다. 여기서 정해지는 방법론은 앞의 단계로 나가는 동안 계속해서 활용된다.

파일럿 프로그램에서 진행 여부를 판단하기 어렵거나, 아예 부정적인 결과를 얻을 수도 있음을 충분히 예상해야 한다. 만약 수행한 모든 파일럿 프로그램에서 긍정적인 변화가 나타났다면 오히려 문제가 있다고 생각하는 편이 합리적이다. 이는 데이터 집계나 해석의 방법이 잘못되었거나, 심각한 확증편향에 빠져 있다는 의미일지도 모른다. 반면에 파일럿 프로그램에서 부정적인 결과를 얻었다면 이제는 판단을 내려야 할 차례다. 파일럿 프로그램을 수정해 새롭게 진행하거나, 아니면 그 개입을 버리고 새로운 개입을 찾는 식으로 말이다. 그리고 여러 파일럿 프로그램에서 얻은 결과를 종합적으로 파악할 줄도 알아야 한다.

동일한 압력에 대한 여러 파일럿 프로그램을 진행할 때 그 결과는 개별 파일럿 프로그램 때문에 나타난 것일 수도 있고, 아니면 압력 때문일 수도 있다. 예를 들어 독감 예방 접종률을 높이려고 목사에게 교회 공동체의 건강을 위해 예방접종을 하자는 내용의 설교를 부탁해 진행했고, 그와 동시에 클로버헬스가 보험 가입자에게 독감예방 접종을 하는 것은 공동체 구성원의 책임이라는 내용의 편지를 보냈다고 가정해보자. 이때 두 가지 파일럿 프로그램에서 아무런 성과도 나타나지 않았다면 공동체에 대한 책임의식이 독감 예방 접종률을 높이는 데 그리 강한 촉진압력으로 작용하지 않는다는 판단을 내리고 이 압력과 관련된 개입의 중단을 결정할 수 있다. 한편 목사의 설교는 효과가 있었는데 편지는 그렇지 않았다면, 공동체에 대한 책임의식이 여전히 강한 촉진압력이라는 판단을 내리고 편지에 대한 파일럿 프로그램의 내용을 수정하는 식으로 접근할 수 있다.

동일한 압력을 토대로 하는 파일럿 프로그램이 아니더라도 이런 식의 종합적인 판단은 여전히 유효하다. 사실 개별 압력이나 특정 개입의 유효성이 중요한 게 아니다. 중요한 것은 행동변화라는 목표다.

행동변화를 위해 다섯 개의 개입을 추진했는데, 그 가운데 네 개에서 분명한 성과가 나타났다면 성과가 나타나지 않은 한 개의 개입을 수정하느라 추가적인 시간과 자원을 투입할 필요는 없다. 분명한 성과가 나타난 네 개의 개입으로 행동변화를 추구하면 된다. 다시 한 번 강조하지만 중요한 것은 행동변화이고, 행동변화 디자인 프로세스를 구성하는 절차는 행동변화를 위한 수단일 뿐이다.

앞에서 '통계적으로 의미를 부여한다'거나 '표본 크기가 매우 작다'라고 언급했는데, 이 말에 고개를 끄덕이면서도 사실은 무슨 뜻인지 잘 몰랐던 사람도 있을 것이다. 행동변화 디자인 프로세스에서 데이터와 통계는 중요한 의미가 있기 때문에 파일럿·실험·실행에 대한 논의를 이어나가기에 앞서 잠깐 통계 이야기를 해보려고 한다. 여기서 본격적인 수학 개념을 다루지는 않을 것이다. 다만 행동변화 디자인 프로세스를 진행할 때 알고 있어야 하는 논리 정도를 개괄적으로 짚어보겠다.

통계학에 대한 전문적인 지식이 있더라도 이 부분은 읽어주기 바란다. 〈엑스파일〉에 등장하는 멀더 요원의 이야기처럼 내가 여기서 하는 이야기도 통계학과 관련된 기존의 일반 상식을 도발하는 내용이 될 수 있기 때문이다.

사람들의 행동은 완벽하게 예상할 수 있는 것도, 또 완벽하게 예상할 수 없는 것도 아니다. 우리가 개입의 효과성을 판단할 때 사용하는 통계는 이러한 사실을 기반으로 한다. 사실 인간이 완벽하게 예상할 수 있는 존재라면 통계에 신경 쓰지 않아도 된다. 어떤 개입으로 말미암아 앞으로 무슨 일이 일어날지 모두 알 수 있기 때문이다. 이런 때는 효과적인 개입만 찾으면 모든 문제가 해결된다.

반면에 우리가 완벽하게 예상할 수 없는 존재라면 이번에는 통계 계산이 아무 의미가 없어진다. 더 나아가 행동변화를 위한 행동변화 디자인 프로세스 자체가 필요 없어진다. 독감예방접종을 위해 어떤 개입을 시도한다 하더라도 사람들의 접종 여부는 우리의 개입과 무관하게 발생할 것이기 때문이다. 만약 우리의 개입과 사람들의 행동변화 사이에 상관관계가 존재한다면 그것은 우리가 살고 있는 세상이 완벽하게 예상할 수 없는 세상은 아니라는 뜻이다.

실제로 우리가 살고 있는 세상에서는 독감예방접종의 중요성을 알려주는 편지를 보내면 그 편지 내용 때문에 접종을 받는 사람이 생긴다. 편지라는 개입으로 어느 정도의 행동변화가 일어났는지, 또 다른 개입으로는 어느 정도의 행동변화가 일어났는지 파악할 수 있도록 해주는 게 바로 통계의 기능이다.

편지라는 개입으로 어느 정도의 행동변화가 일어나는지를 가장 정확하게 파악할 수 있는 방법은 전 세계 모든 사람에게 편지를 보내고, 그들 가운데 몇 명이나 독감예방접종을 했는지 세어보면 된다. 물론 이는 실현할 수 없는 방법이다. 무엇보다 돈이 너무 많이 든다! 그래서 소수의 사람(표본집단)에게 편지를 보내고, 결과를 파악한 뒤 그것을 전체 집단에 적용하는 방식으로 접근한다. 표본집단의 크기를 크게 가져갈수록 결과에 대한 신뢰도 역시 더욱 커진다.

행동변화 디자인 프로세스의 파일럿 프로그램은 전체 표본을 200명으로 잡은 다음 100명에게는 편지를 보내고(이들이 실험군이 된다), 나머지 100명에게는 아무런 조치도 취하지 않는 식으로(이들이 대조군이 된다) 진행할 수 있다. 그리고 그 결과를 두 가지 측면에서 해석함으로써 편지라는 개입의 효과를 확인할 수 있다. 우선은 실험군의 결과를 해석한다. 편지를 받은 사람만을 대상으로 편지를 받은 시점에서 그 전 한 달 동안과 그 후 한 달 동안 독감예방접종을 한 사람의 수를 따로 확인한다. 만약 편지를 받은 후에 예방접종을 한 사람의 수가 더 많다면, 편지라는 개입은 독감예방접종률을 높이는 데 효과가 있다고 해석할 수 있다.

여기서 한 가지 고려해야 할 점이 있다! 편지와는 상관없이 단순히 독감이 유행하는 계절이 돌아오자 나중에 독감예방접종을 한 사람이 더 많아진 것일 수도 있다. 따라서 이번에는 대조군과 비교를 해본다. 실험군 사람들이 편지를 받은 시점을 기준으로 실험군과 대조군에서 따로따로 그 후 한 달 동안 독감예방접종을 한 사람의 수를 확인하는 것이다. 만약 편지를 받은 실험군에서 독감예방접종을 한 사람의 수가 더 많이 나왔다면 편지라는 개입은 독감 예방 접종률을 높이는 데 효과가 있다고 해석할 수 있다.

파일럿 프로그램을 진행한 결과가 이렇게 나왔다면 항상 확신할 수는 없지만(인간은 어느 정도 예상할 수 있는 존재이지, 완벽하게 예상할 수 있는 존재는 아니다) 아무것도 안 하는 것보다는 편지를 보내는 편이 독감 예방 접종률을 높일 거라고 기대할 수 있다. 그렇다면 여기서 두 가지 질문이 떠오른다. "편지 때문에 발생한 독감 예방 접종률 상승분은 얼마나 될까?" "표본을 200명보다 훨씬 더 크게 가져가더라도 비슷한 결과가 나올까?" 이 두 질문에 대한 답을 제시하는 게 바로 효과크기와 유의확률p-value이다.

효과크기는 편지가 사람들의 행동변화를 이끌어내는 데 정말로 큰 영향을 끼쳤는지, 아니면 아주 제한적인 수준에서만 영향을 끼쳤는지를 알려준다. 이는 숫자로 나타나기 때문에 쉽게 해석할 수 있다. 숫자가 클수록 그 개입이 더 효과적이라는 것이다. 그리고 효과크기가 실제로 어느 정도의 효과를 나타내는지 직접적으로 알려주지 않더라도 간단한 작업을 거쳐 '편지 때문에 독감 예방 접종률이 20퍼센트 증가했다'와 같은 식으로 변환할 수 있다.

유의확률은 편지 때문에 높아진 독감 예방 접종률을 어느 정도 신뢰할 수 있는지 알려준다. 유의확률의 해석은 좀 헷갈릴지도 모르는데, 수치가 작을수록 개입의 효과를 더 신뢰할 수 있다는 의미가 된다. 여기서 유의확률은 집단에서 나타난 특정 현상이 우리의 개입 때문이 아니라 무작위적으로 발생했을 가능성을 의미한다. 예를 들어 편지는 사람들의 독감예방접종을 이끌어내고 이때 유의확률이 0.2라고 한다면, 편지가 사람들의 독감예방접종을 이끌어낸 것이 아닐 확률이 20퍼센트라는 뜻이다. 그렇다고 해서 편지라는 개입이 독감

예방접종에 부정적인 영향을 끼치는 것은 아니다. 따라서 유의확률에 해당하는 발생에 대해서는 '개입의 효력이 없다'고 해석한다.

이제부터 나오는 내용은 보통의 데이터 과학자라면 잘못된 접근법이라고 지적할 만하다. 통상적으로는 유의확률이 0.05보다 작을 때(p 〈 0.05) 우리의 가설이 옳다고 판단한다. 하지만 이와 같은 판단은 오류 발생을 철저하게 회피해야 하는 상황이나 학술적 연구에서 적용되는 것이다.

반면에 우리가 추구하는 것은 사람들의 행동변화이지 오류 발생의 억제가 아니다. 그래서 나는 우리의 가설이 옳다고 판단할 여지를 더 넓게 두는 것이 좀 더 합리적이라고 생각한다. 예를 들어 유의확률을 0.2로(p =0.2) 가져가는 식으로 말이다. 이런 이야기를 보통의 데이터 과학자에게 한다면 곧바로 이런 말이 튀어나올 것이다. "20퍼센트의 확률로 틀리는 상황에서도 가설이 옳다고 판단한다고요? 말도 안 됩니다."

하지만 개입의 효과를 생각해보라. 비용이나 노력이 별로 들지 않는데도 우리가 바라는 효과를 크게 높일 수 있다. 물론 우리가 틀릴 확률도 20퍼센트 정도 되지만, 틀린다고 해서 큰 손해가 발생하는 것은 아니다. 따라서 파일럿 프로그램의 성과에 대한 판단은 이 정도로 느슨하게 가져가는 편이 더 바람직하다. 여기서는 더 넓은 범위의 실험으로 진행할지 여부만 판단하면 된다.

파일럿 프로그램 단계에서의 개입에 대한 판단이 틀렸을 경우 우리에게 발생하는 손실은 투입된 자원 정도다. 큰 규모의 손실이 발생할 위험이 없다면 판단이 틀릴 확률을 20퍼센트 정도로 가져가도 그리 우려할 만한 일은 아니다. 따라서 파일럿 프로그램의 결과에 대한 평가는 이와 같은 논리를 근거로 진행하는 것이 바람직하다.

우리가 유의확률을 계산하는 이유는 전 세계의 모든 사람에게 개입을 실행하지 못하기 때문이다. 사실 그렇게만 할 수 있다면 개입의 실제 효과를 알게 돼 유의확률을 따로 계산하지 않아도 된다. 한편 표본을 선정할 때는 집단의 대표성을 고려해야 한다. 특히 표본의 크기가 작을수록 이 점에 더욱 유의해야 한다. 표본 크기를 세계 인구의 절반 정도로 가져갈 수만 있다면 개입의 효과를 거의 전적으로 신뢰할 수 있겠지만, 100명 정도의 표본으로 파일럿 프로그램을 진행할 때는 표본의 대표성이 중요하다.

파일럿 프로그램의 가장 큰 특징은 '작은 규모'다. 여기서 얻은 결과만 보고 개입의 효과를 전적으로 신뢰할 수는 없다. 따라서 더 넓은 범위의 실험을 진행하게 된다.

개입의 효과에 대한 수렴타당도를 가졌다고 하더라도 유의확률이 0.2라면 그 효과를 더 확인해보려는 것이 당연하다. 실험은 기본적으로는 파일럿과 비슷하게 진행되지만, 표본 크기가 더 크고 진행 절차도 좀 더 체계적이다. 그리고 실험 단계에서는 '비용 대비 효과가 있는가?'를 확인하는 게 중요하다. 본격적으로 개입을 실행할 때 소요되는 비용과 행동변화의 효과를 비교 추정해보는 것이다. 사실 행동변화를 이끌어내는 개입을 찾아내는 것 자체는 그렇게 어려운 일이 아니다. 문제는 그러한 개입의 비용 대비 효과가 얼마나 되느냐, 개입을 실행할 만한 가치가 있느냐다. 이를 확인하기 위해 실험에 대해서도 정량적·정성적 평가가 이루어지며, 그것을 기반으로 개입의 실제 비용과 행동변화의 효과를 비교하게 된다.

이쯤에서 더 큰 규모의 표본이 좀 더 높은 신뢰도를 준다면 파일럿을 거치지 말고 곧바로 실험을 진행하는 편이 더 낫지 않겠느냐고 생각할 수도 있다. 파일럿과 실험의 진행이 서로 비슷하고 파일럿의 목적이 어떤 개입을 실험으로 진행할지 여부를 판단하는 것이라면, 처음부터 큰 규모의 표본으로 실험을 진행해 중간 단계를 없애고 시간을 절약하는 편이 더 낫지 않을까?

실험 없이 처음부터 개입을 본격적으로 실행하는 것은 효과도 없는 실행으로 막대한 비용 손실이 일어나고, 시장의 신뢰도와 조직 구성원의 사기 저하 같은 문제가 생길 수 있기 때문에 분명히 무모한 시도다. 하지만 실험에서 발생하는 비용은 파일럿보다 조금 큰 수준일 뿐인데, 유의확률을 그렇게까지 크게 가져가면서도 파일럿을 거쳐야 하는 이유가 무엇일까?

파일럿을 거쳐야 하는 진짜 이유는 인간의 심리작용 때문이다. 인간은 손실이나 패배로 마음의 상처를 입는데, 손실이나 패배가 클수록 더 크게 상처받는다. 그리고 무언가에 더 큰 노력을 투입할수록 패배하지 않으려고 더욱 절박한 마음을 느끼며, 그런 마음은 부정적인 증거들에 대한 의도적인 무시로 이어진다. 다시 말해 심각한 확증 편향으로 이어질 수 있는 것이다. 파일럿의 장점은 단순히 규모가 작아서 비용 손실이 더 적다는 것뿐만이 아니다. 실험보다 더 적은 노력을 투입해 부정적인 증거들에 대해 좀 더 객관적이 될 수 있다는 것이 진짜 장점이다.

앞에서도 언급했지만, 파일럿 프로그램에서는 진행 절차의 체계성이 중시되지 않는다. 그렇다면 당연히 실험에 비해 노력도 훨씬 더 적게 들어간다. 사실 너무나 많은 기업이 어떤 개입에 대해 파일럿 프로그램이나 실험도 거치지 않고 그대로 본격 실행을 하곤 한다. 누구나 실험의 필요성을 알고 있는데도 말이다. 이는 실험이 지닌 촉진 압력에 비해 실험에 투입되는 노력이나 비용이 유발하는 억제압력이 더 강하기 때문이다. 따라서 실험에 비해 억제압력이 훨씬 약한 파일럿 프로그램으로 개입의 가능성을 검증하기 시작하는 게 효과적인 접근법이 될 수 있다.

클로버헬스의 사례를 들어 이 이야기를 좀 더 구체적으로 해보겠다. 내가 이끄는 행동과학팀은 보통 정량적 평가 담당과 정성적 평가 담당, 프로젝트 매니저 각 한 명씩 세 명으로 한 조를 구성해 두 가지 프로젝트를 동시에 진행하도록 한다. 그리고 프로젝트 하나의 주기는 8주다. 그러니까 한 조에서 1년에 진행하는 프로젝트는 열두 개 정도다. 프로젝트마다 세 개에서 다섯 개의 파일럿으로 구성되기 때문에 한 조가 1년 동안 36개에서 60개의 파일럿을 진행한다. 클로버헬스의 행동과학팀에서는 보통 두 개에서 세 개의 조가 가동되므로 전체적으로는 연간 최대 180개의 파일럿을 진행하는 셈이다.

이 정도의 숫자를 파일럿 프로그램이 아니라 실험으로, 유의확률 0.05 이내에서 정밀하게 진행하려 한다면 어떻게 될지 상상해보라. 진행 절차의 체계성을 정립해야 하는 실험을 매주 세 개씩 진행해야 하는데, 행동과학팀 열 명 정도의 인원으로 이런 업무량을 감당할 수 있을까? 게다가 그렇게 엄청난 노력을 투입해 진행한 실험의 절반이 효과가 없다고 확인된다면 어떤 기분이 들겠는가? 물론 이 같은 실패를 감내할 수 있는 사람도 있을 것이다. 하지만 대부분의 팀원은 일에 대한 의욕을 잃어버리고 말 것이다.

앞에서 파일럿 프로그램은 투입되는 자원이나 노력이 매우 적기 때문에 결과에 대한 확증편향이 만들어질 가능성이 아주 낮다고 말했는데, 이런 파일럿 프로그램을 1년에 180개씩 진행하면 특정 개입에 대한 선호도가 만들어질 가능성은 더욱 낮아진다. 신경 써야 할 다른 파일럿도 많기 때문이다.

이러한 이유로 파일럿 프로그램의 유의확률은 0.2 정도로만 가져가도 괜찮다. 이 정도의 유의확률이면 실험 단계로 진행할지 여부를 판단하고, 개입의 본격적인 실행이 시장에 끼칠 영향 등을 가늠해보기에 충분하다. 파일럿 프로그램을 진행할 때는 그 개입이 정식 업무라는 가정은 하지 않는다. 반면에 실험 단계에서는 개입이 조직의 정식 업무 절차가 되는 상황까지 고려하기 시작한다.

　　파일럿 프로그램과 실험은 기본적으로는 서로 비슷하게 진행되지만, 몇 가지 차이점이 있다. 첫째, 실험에서는 개입이 실제 업무가 되는 상황을 상정하고, 그에 따라 개입의 내용을 정밀하게 다듬는다. 이 과정에서 파일럿 단계에서 얻은 정보를 활용하기도 하고, 실제 현장의 필요성에 따라 변화를 적용하기도 한다. 단, 이 같은 수정이나 변화가 결과를 왜곡하지 않도록 유의해야 한다.

　　둘째, 실험에서는 표본의 숫자와 관여하는 직원의 숫자가 더 늘어난다. 실험 단계에서는 확증편향에 빠질 위험이 더 커지기 때문에 이처럼 관여하는 사람이 늘어나는 게 바람직하다. 이미 파일럿 단계에서 개입이 행동변화로 이어지는 점을 확인했고, 그렇기 때문에 이 단계에 관여했던 사람들 사이에서는 그 개입에 확증편향을 갖기 쉽다. 그러나 파일럿 단계의 유의확률이 0.2라는 점을 기억하는가? 이는 효과가 없는데도 있는 것으로 잘못 판단된 개입이 20퍼센트라는 뜻이고, 이 20퍼센트의 효과 없는 개입은 실험 단계에서 발견되어야 한다. 만약 실험 단계에서 발견되지 않았다면(이는 확증편향 문제가 발생했음을 뜻한다) 실험의 진행 과정을 다시 살펴봐야 한다. 실험에는 문제가 없었는데 특이한 상황이 발생한 것이라면 유효하다고 판명된 개입은 수용하고, 그게 아니라면 실험의 진행 과정을 다시 수정해야 한다. 유의확률, 효과크기, 가능한 교란 등을 살펴보고 필요하다면 실험에 관여한 사람들이 싫어할 선택을 내릴 수도 있어야 한다. 그것이 리더의 역할이다.

마찬가지로 유의확률이 0.2이기 때문에 파일럿을 통과한 개입의 80퍼센트는 실험에서도 행동변화의 효과가 있음이 확인되어야 한다. 하지만 실험의 목적은 행동변화의 효과가 있는 개입을 정교하게 찾아내는 것뿐만이 아니다. 어떤 개입이 본격적으로 실행할 만한 가치가 있는지를 확인하는 것 또한 실험의 목적이다.

가능성을 판단하고, 압력을 파악하며, 개입에 대해 파일럿 프로그램과 실험을 하는 데 이르기까지 행동변화 디자인 프로세스를 진행하는 동안 우리는 계속해서 확인 과정을 수행한다. 그리고 개입을 실행하는 데 어느 정도의 자원과 비용이 투입될지에 대해서도 실험으로 알게 된다. 그렇다면 실험 단계까지 진행한 이후에는 다음과 같은 글을 기술할 수 있다.[11]

> 우리는 [개입]이 [행동]에 [방향성]을 부여할 것이라고 [자신감] 수준으로 생각한다(그리고 이러한 변화는 [데이터]로 표시된다). 이 개입을 실행하려면 [자원]이 필요하며, 이는 [변화]를 만들어낼 것이다.

이렇게만 보면 암호문처럼 알아보기 어려운 글인데, 각 괄호의 의미를 설명하면 다음과 같다.

[개입] = 특정 개입

[행동] = 행동목표에 기술되어 있는 측정 가능한 행동

[방향성] = 증가하거나 감소한다

[자신감] = 유의확률에 기반하는 개념이며, 숫자가 아니라 구어체의 글로 기술

[데이터] = 집단의 행동을 나타내는 정량화된 데이터

[자원] = 개입의 실행에 투입되는 자원

[변화] = 유의확률에 기반하는 개념이며, 숫자가 아니라 구어체의 글로 기술

예를 들어 독감예방접종을 설득하는 편지라는 개입은 다음과 같이 기술할 수 있다.

우리는 〔공동체의 건강 유지를 강조하는 내용의 편지〕가 〔독감 예방 접종률〕을 〔증가시킬〕 것이라고 〔매우 확신〕한다(그리고 이러한 변화는 〔독감 예방 접종자 숫자〕로 표시된다). 이 개입을 실행하려면 〔5500달러의 예산과 10시간의 기간〕이 필요하며, 이는 〔500명의 독감예방접종 추가 접종자〕를 만들어낼 것이다.

여기 나온 용어 가운데 특별히 어려운 건 없을 것이다. 다만 이와 같은 기술에서 굳이 자신감의 정도를 표현할 이유가 있을까 의아해 할지도 모르겠다. 개입을 본격으로 실행한다는 것은 성공을 믿는다는 의미가 아닐까?

독감예방접종 설득 편지의 개입 설계

[개입]	=	공동체의 건강 유지를 강조하는 내용의 편지
[행동]	=	독감 예방 접종률
[방향성]	=	증가시킬 것
[자신감]	=	매우 확신
[데이터]	=	독감 예방 접종자 숫자
[자원]	=	5500달러의 예산과 10시간의 기간
[변화]	=	500명의 독감예방접종 추가 접종자

하지만 성공을 믿는 데도 정도의 차이가 있다. 성공을 85퍼센트 수준으로 확신하는 것과 99퍼센트 수준으로 확신하는 것은 분명히 다르며, 의사결정을 위해서는 이를 구분해야 한다. 또한 미래의 활용을 위해서 정보를 최대한 기록해두어야 한다는 현실적인 이유도 있다.

과학 분야에는 서류보관함 문제file drawer problem라는 현상이 있다. 결과가 모호한 연구라면 그 연구가 아무리 의미 있다고 하더라도 학회지에서 출간 논문으로 선정되지 못하고, 서류보관함에만 머무는 신세가 된다는 것이다. 그리고 세상은 그러한 연구의 내용을 알지 못한다.

그런데 비즈니스 분야에서는 서류보관함 문제가 더욱 분명하게 나타난다. 별다른 성과로 이어지지 못한 개입, 예산을 받을 수 없어 시도조차 하지 못한 개입, 역효과로 이어진 개입 등은 철저하게 무시된다. 그래도 과학 분야에서는 독특함이나 예상 밖의 역효과를 이유로 논문을 발표할 기회를 얻는 일도 종종 있다. 하지만 비즈니스 분야는 전혀 그렇지 않다. 성공한 개입 외에는 누구도 알지 못한 채 세상에서 사라지고 만다.

그러나 행동변화 디자인 프로세스는 이와 같은 맹점을 보완한다. 성공 확신이 낮은 개입에 대한 정보도 그 신뢰 수준과 함께 기록되고 활용된다. 성공뿐 아니라 실패, 역효과 등의 결과로 이어진 개입도 의사결정 과정을 비롯해 모든 정보가 기록되는 것이다.

만일 빙 인 더 클래스룸이 실패로 끝나고 내가 마이크로소프트를 불명예스럽게 떠났다면 어떻게 되었을까? 내가 진행했던 프로젝트와 관련된 정보는 누구도 언급하지 않았을 테고, 세상에서 잊힌 프로젝트가 되었을 것이다. 그리고 얼마의 시간이 지나면 마이크로소프트의 누군가가 또다시 내가 했던 것과 같은 방식으로 프로젝트를 진행하면서 실패를 되풀이할 터이다. 하지만 자신감의 정도와 함께 프로젝트의 진행 과정과 결과를 모두 기록해둔다면 그것은 실패 사례라 하더라도 조직의 자산이 된다. 앞의 기술에서 자신감의 정도를 표현하는 이유가 바로 이것이다.

개입에 대한 실험을 하고, 개입이 만들어내는 행동변화를 관찰하며, 그 개입을 본격적으로 실행할지를 판단한다. 여기서 개입의 본격적인 실행에 대한 판단은 까다로운 작업이 될 수 있다. 투입되는 자원 대비 성과에 대한 판단은 조직의 성패를 좌우할 수도 있다. 그리고 실행해야 하는 개입의 우선순위를 정할 때도 투입되는 자원 대비 성과는 중요한 판단 기준이 된다.

어떤 개입이 본격적인 실행 단계에 들어간 이후라 하더라도 중단해야 한다는 판단이 내려질 수 있다. 실행 단계 이후에도 개입의 성과에 대한 지속적인 관찰이 이루어져야 하고, 그것을 기반으로 계속해서 진행과 수정, 중단 등을 판단하는 것이다. 그리고 이런 판단은 개입마다 개별적으로 이루어지는 게 아니라 행동변화를 위한 여러 개입과 관련해 종합적으로 이루어져야 한다.

여기서 중요한 것은 관찰의 지속성이다. 인간의 인지적 주의력은 우리 의지대로 능력을 발휘할 수 있는 게 아니다. 이는 매우 제한적인 자원이며, 나 또한 해마다 인지적 주의력이 줄어드는 것을 느낀다. 우리 두뇌는 하루 중 아주 짧은 시간만 평소보다 더 많은 일을 처리할 수 있을 뿐이고, 무의식의 영역에서 처리할 수 있는 일의 양도 제한적이기는 마찬가지다. 그리고 각각의 개입에 대한 관찰은 인지적 주의력이라는 우리의 제한된 자원을 소진하게 한다.

동일한 행동변화를 위해 둘 이상의 개입을 실행하는 것을 피라냐 효과라고 부른다. 예를 들어 금연 캠페인을 들 수 있다. 사실 어느 한 가지 개입으로 사람들의 행동변화를 완전하게 이루어내는 경우는 없기 때문에 우리는 계속해서 새로운 개입을 실행하게 된다. 그리고 금연을 위한 각각의 개입은 일정 수준의 효과크기가 있기 때문에 이론적으로 따져보면 둘 이상의 개입이 실행된 이후에는 모든 흡연자가 금연을 하는 상황이 와야 한다.

그러나 그런 상황은 오지 않는다. 동일한 행동변화를 위해 둘 이상의 개입을 실행하면 각각의 개입은 단독으로 실행했을 때 기대되는 것보다 더 적은 행동변화를 이끌어낼 뿐이다. 그리고 특정한 행동변화를 위한 개입은(이를테면 금연을 위한 개입) 다른 목적을 지닌 개입의(이를테면 체중 감소를 위한 다이어트 같은 개입) 영향을 받기도 한다. 흡연을 하던 사람이 다이어트하면서 금연까지 할 수 있는 경우가 얼마나 될까? 새로운 개입을 실행했을 때 기존의 개입에는 어떤 영향이 발생하는지 지속적으로 관찰해야 한다. 새로운 개입이 기존 개입의 성과를 잠식하고 있지는 않은가? 새로운 개입에 투입되는 노력이나 자원은 기존 개입과 비교했을 때 어느 정도인가? 지속적인 관찰로 개입의 효과를 파악하고, 필요하다면 그것을 기반으로 행동목표에도 변화를 줄 수 있다. 예를 들어 우버의 마케팅팀에서 회원 수를 늘리기 위한 어떤 개입을 실행했는데, 이후 전체 고객의 탑승 횟수가 줄어들었다면 탑승 횟수 감소가 그 때문인지를 파악하고, 필요하다면 개입을 중단하는 결정을 내리는 식이다.

물론 우리가 통제할 수 없는 상황도 있다. 기업들끼리 같은 목표를 두고 개입을 실행하다 보면 소비자의 인지적 주의를 끌어내기 위해 결국은 광고비 전쟁으로 가게 된다. 냉전 시대의 군비 경쟁 같은 상황이 시장에서 벌어지는 것이다. 경쟁 기업이 마케팅 비용을 공격적으로 지출하는 상황에서는 내부적인 개입 포트폴리오를 재편하는 것 정도로는 대응에 한계가 있다.

금연이라는 행동변화를 위해 어떤 개입을 실행하고 있는데, 개입의 기초가 된 압력이 변하면서 개입 효과가 사라지는 경우도 있다. 1970년대에는 효과가 있던 광고들이 오늘날에 와서는 효과가 없다는 점을 떠올려보라. 압력이 변하면 실행 중인 개입에 변화를 주거나 개입을 중단해야 할 수도 있으며, 이는 시장이나 사회의 변화에 따라 자연스럽게 겪는 일이다. 어떤 개입을 개발하기 위해 많은 자원이 투입되었다 하더라도 시장과 사회가 변하고, 그에 따라 새로운 개입이 필요한 상황이 되면 기존의 개입은 폐기되는 게 당연하다.

행동변화 디자인 프로세스의 진행 과정을 모두 기록해두었다면 어디에서 변화가 발생했는지 쉽게 파악할 수 있다. 만약 비용이라는 압력을 기반으로 하는 개입 쪽에서 갑자기 성과가 나오지 않게 되었다면 대체재의 가격이 크게 변했다는 신호가 될 수 있으며, 이는 중요한 정보가 된다. 물론 기존의 개입에 대해 개선이나 변화를 추진할 수 있으려면 시장의 변화를 파악할 정도의 상세한 기록을 갖고 있어야 한다.

지속적인 관찰 자체가 기록 과정이 될 수도 있다. 이때는 관찰, 즉 모니터링에 일종의 자동 경고 시스템을 결합해야 한다. 점점 더 많은 기업이 일정한 수준 이상의 변화가 발생하면 자동으로 알려주는 인터럽티브 얼럿interruptive alert 시스템을 활용하고 있다. 대시보드 시스템 같은 경우는 사람이 직접 대시보드를 열고 변화를 찾아내야 하는데, 이는 자동 경고 시스템이라고 보기 어렵다. 사람이 개입하지 않는다면 변화를 감지할 수 없기 때문이다.

이 장의 논의는 여기서 마무리 지으려고 한다. 같은 행동변화를 추구한다고 하더라도 기업이 성장함에 따라 새로운 개입이 필요해지기 때문에 동일한 목표를 위해 일정 기간마다 새로운 행동변화 디자인 프로세스를 진행해야 한다. 하지만 어떤 일에서 개선을 이루어내려면 심리적인 거리가 필요하기도 하다. 따라서 어떤 개입을 실행했다면 그 개입의 결과가 충분히 나올 때까지는 거리를 두고 지켜봐야 한다.

미국의 전통적인 대기업을 보면 개입의 실행 여부를 판단할 때 잠재적인 효과보다 다른 요소들이 더 중요하게 작용하는 듯하다. 조직 내부에서 정치력을 지니고 있고 다른 이들 앞에 나서서 발표를 잘하는 소수의 사람이 가진 확증편향에 따라 개입의 실행 여부가 결정되는 식이다. 그럴듯하게 잘 작성된 보고서가 좋은 결과를 약속하고 있으니 실행해보자고 가볍게 결정이 내려질 때도 있다. 하지만 좋은 결과의 약속에 대한 근거는 미약하다. 언뜻 보기에는 능력주의 같지만, 사실은 능력주의의 가면을 쓴 내부 정치인 경우가 많다. 그에 대한 대가는 우리 모두가 치르게 된다.

우리는 지향하는 곳이 있다. 그리고 그곳으로 가는 길은 직접 시장 조사를 하고, 파일럿 프로그램과 실험을 진행하는 사람이 가장 잘 안다. 내부 정치에 강하고 발표를 잘하는 사람이 잘 아는 게 아니다. 중요한 정보를 수집하고, 그것을 분석하고, 예상되는 비용과 성과를 고려해 실행할 개입을 선택하는 것은 객관적으로 진행될 수 있는 일이다. 여기서 중요한 것은 강한 주장이 아니라 균형 잡힌 판단력이다.

일을 진행하는 더 합리적이고 효과적인 방법이 있다. 선택만 한다면 그와 같은 방법은 자신의 것이 된다. 추구하는 행동변화를 중심에 두고, 가장 효과적으로 행동변화를 이끌어낼 수 있는 개입을 선택하라. 목표에서 출발하는 게 가장 좋은 방법이다.

8장

시작의
끝

//

행동변화 디자인 프로세스의 효과에 대해서는 좋은 말만 하고 싶은 마음도 든다. 다른 사람의 긍정적인 행동변화를 이끌어내는 세련된 방법론이라니, 얼마나 멋진가. 이 방법론을 따른다면 모든 것이 잘될 거라고 말하고 싶다.

하지만 현실은 그렇지 않다. 나는 그 누구보다 행동변화 디자인 프로세스를 오래 활용해왔고, 가장 역량이 뛰어난 행동과학팀 가운데 하나를 이끌고 있다. 또한 회사에서는 행동변화 디자인 프로세스에 대한 높은 이해도를 바탕으로 팀을 지원해주고, 파일럿과 실험의 진행을 도와주는 훌륭한 협력자도 알고 있다. 그런데도 행동변화 디자인 프로세스는 순조롭게 진행되는 경우가 거의 없다. 사람들의 행동변화를 이끌어내는 일은 그만큼 까다롭고 복잡하다. 물론 까다롭고 복잡하다는 것이 포기 이유가 되지는 못하지만 말이다.

이 책을 다 읽은 다음에 행동변화 디자인 프로세스를 실행으로 옮기는 사람도 있을 것이다. 지하철에서 노인에게 자리를 양보한다는 행동변화를 위해 작용하는 압력을 분석하고 그것을 토대로 적절한 개입을 만들어낼지도 모른다. 아니면 자신이 일하는 회사의 문화를 바꾸기 위해 다양한 조직에서 뜻을 함께하는 사람을 모아 비공식적인 행동과학팀을 만들 수도 있다. 이런 다양성은 행동변화 디자인 프로세스의 성공에 필요한 요소다.

자신이 생각하는 바람직한 변화를 위해 행동변화 디자인 프로세스를 이용해보라. 미국의 전 대통령 루스벨트는 이렇게 말했다. "단언컨대 우리 인생에서 최고의 포상은 일할 만한 가치가 있는 곳에서 열심히 일할 수 있는 기회를 얻는 것입니다." 이는 루스벨트가 농업인들 앞에서 했던 말로, 자기 일에서 가치를 찾는 것이 얼마나 중요한지는 과학적으로 증명된 바이기도 하다. 실제로 아내가 세상을 떠난 이후에도 루스벨트가 자신의 삶을 지속할 수 있었던 것은 가치 있는 일을 찾았기 때문이다. 그리고 다른 사람의 행동에서 긍정적인 변화를 이끌어내는 것은 우리에게도 매우 가치 있는 일이 될 수 있다.

이 책의 내용을 다른 사람들에게도 소개해보라. 그리고 자신만의 행동변화 디자인 프로세스를 만들어 활용해보라. 누구라도 행동과학자가 되어 성과를 이끌어낼 수 있다. 필요하다면 내 이메일로(matt@mattwallaert.com) 연락해주기 바란다. 나도 당신이 추구하는 행동변화에 기꺼이 도움이 되고 싶다. 내 웹사이트에 접속해보면 나와 연락할 수 있는 다양한 경로가 링크되어 있다. 나는 내 조언이 필요한 이들, 내게 강연이나 컨설팅을 의뢰하는 이들에게 비용을 청구하지 않는다. 세상을 더 나은 곳으로 만드는 데 이바지하는 것으로 만족하기 때문이다.

이런 이야기를 한다고 해서 책이 끝난 것은 아니다. 아직 전하고자 하는 이야기가 많이 남아 있다. 이어지는 부분에서는 행동변화와 관련된 여러 사례, 다양한 유형의 압력, 행동변화 디자인 프로세스를 진행하는 과정에서 부딪히는 여러 도전에 대해 논하려고 한다. 이 책의 2부는 곧바로 읽지 않고 나중에 시간이 날 때 따로 읽어도 괜찮다. 다만 2부의 내용이 행동변화 디자인 프로세스를 통해 행동변화를 추구하려는 사람에게 큰 도움이 된다는 것만큼은 분명하다.

물론 행동변화 디자인 프로세스를 자신의 일에서 곧바로 실행할 사람은 얼마 되지 않는다는 것도 잘 안다. 행동변화 디자인 프로세스에 관심을 보이고 내가 진행하는 세미나에 참석한 사람 가운데도 프로세스를 실행하기 어렵다고 말하는 이들이 꽤 있다. 회사 경영진에서 지원해주지 않는다, 자원이 충분하지 않다, 함께 일할 수 있는 사람이 주위에 별로 없다는 등의 이유를 대면서 말이다. 충분히 이해가 가는 상황이다. 이와 같은 강력한 억제압력이 있는 상황에서는 변화를 추구하기가 어렵다.

하지만 이런 상황에서도 행동변화 디자인 프로세스가 해답이 될 수 있다. 지금까지 행동변화 디자인 프로세스의 대상을 고객·사용자·회원 등 조직 외부의 사람으로 한정했지만, 그 대상은 조직 내부의 사람이 될 수도 있다. 행동변화 디자인 프로세스는 인간의 행동변화를 위한 도구이고, 조직 내부에 있다고 해서 대상에서 예외가 되는 것은 아니다. 조직 내부의 사람에 대해서도 이 책의 방법론을 통해 얼마든지 행동변화를 추구할 수 있다.

조직 내부에 당신을 가로막는 부분이 있다면 거기에서 시작하라. 어떤 변화가 필요한지 파악해 행동목표를 기술하고, 가능성을 판단하고, 작용하는 압력을 파악하고, 개입을 설계하라. 그리고 파일럿 프로그램을 실행하라.

행동변화 디자인 프로세스를 제대로 진행한다면 이것이 올바른 방법론이라는 걸 직감할 수 있다. 일반적인 조직 문화에서 행동변화 디자인 프로세스를 진행하는 초반에는 느리다는 평가를 받겠지만, 행동변화가 나타나기 시작하면 그때부터는 평가가 달라질 것이다. 행동변화 디자인 프로세스의 단계마다 확인 과정을 거치게 될 텐데, 그 과정에서 많은 정보와 지식을 축적하게 될 것이다. 느린 건 매끄러운 것이고, 결국은 매끄러운 게 빠른 것이다. 다른 사람들이 잘못된 판단이나 시장 변화에 따라 방향 전환을 하느라 허둥거리는 사이, 행동변화 디자인 프로세스를 활용한다면 당신은 체계적인 절차에 따라 매끄러우면서도 빠르게 적절한 접근법을 찾게 된다.

우리 삶은 과학이 필요하다. 우리 삶의 모든 것은 체계적인 변화가 필요하며, 행동변화 디자인 프로세스가 그에 대한 답이 될 수 있다. 시간과 자원만 충분하다면 이 세상의 그 어떤 것도 변화시킬 수 있다. 물론 투입되는 자원 대비 성과도 중요한 판단 기준이기에 선별적으로 접근해야 한다. 하지만 미리 포기하지 마라. 처음부터 안 된다고 판단할 수 있는 것은 없다. 쉬운 일은 누구라도 할 수 있지만, 우리가 해야 하는 것은 올바른 일이다.

우리가 지닌 역량은 저마다 차이가 있지만, 각자의 역량으로 의미 있는 일을 해낼 수 있는 영역은 모두에게 존재한다. 단 한 사람의 행동변화를 추구하는 데서 시작하더라도, 그 한 사람이 여러분 자신이라 하더라도, 그건 우리가 세상에 보여줄 수 있는 도전이며 나는 그 도전에서 지지 않을 것이다.

다소 감상적으로 들릴 수도 있겠지만 록그룹 퀸Queen의 노래 가사를 일부 인용해보았다. 이제 여기서 1부를 마치려고 한다.

START AT
THE END

ADVANCED BEHAVIOR CHANGE

PART 2

행동변화를 위한
실전 응용법

9장

정체성을 활용하라:
점화, 조정, 중개

///

어떤 상황에 작용하는 압력 가운데 단 하나의 절대압력반지가 있다면 그것은 정체성이다(《반지의 제왕》에 비유해봤다). 집과 음식 같은 기본적인 생활 욕구가 해결된 다음에 우리가 가장 많은 자원을 투입하는 대상은 바로 정체성이다(미국의 소비자 부채만 분석해보면 집과 음식보다 정체성에 더 많은 자원을 투입한다는 결론이 나올 정도다). 패션이나 음악, 여가 활동 등의 소비 선택을 할 때 그것을 결정하는 건 우리의 정체성이며, 소셜미디어의 영향력이 확산되면서 이러한 경향은 더욱 강해지고 있다. 게다가 이제는 음식조차 에너지 공급의 수단이라기보다는 자신이 어떤 사람인가를 나타내는 표현 수단이 되어간다.

선진국에서만 이와 같은 현상이 나타나는 것은 아니다. 개발도상국에서도 사람들의 가처분소득*이 늘어나면서(바람직한 현상이다) 단순한 생존 이외의 것에도 관심을 보이기 시작했고, 그에 따라 정체성

관련 소비는 계속 증가하고 있다. 이는 기업에도 커다란 성장 기회가 될 것이다.

무려 2200억 달러에 달하는 광고 시장에서 차지하는 지출도 주로 정체성에 초점이 맞춰진다. 제품의 품질이나 기능성을 강조하는 광고 대신 제품 이미지를 소비자의 정체성으로 연결 지으려는 광고가 대부분이다. 그리고 이러한 광고가 효과가 좋다. 기업이 이미지 광고를 중시하는 이유도 정체성에 대한 이미지가 소비시장에서 새로운 압력을 만들어내기 때문이다.

그런데 광고로 압력을 만들어내려면 막대한 비용을 투입해야 한다. 기본적으로 광고는 다른 개입들과 단절된 채로 진행되고, 광고가 전달되는 매체도 시청률이 크게 떨어진다. 행동변화를 효과적으로 이끌어내려면 우리가 실행하는 모든 개입이 사람들의 정체성과 연계돼 있어야 한다. 실제로 성공적인 개입은 거의 다 사람들의 정체성을 주된 압력으로 활용하는 것들이다.

정체성에 대해서는 여러 연구가 이루어졌는데, 이 책에서는 그 논의를 조금 단순하게 이끌어가려고 한다. 사실 정체성은 매우 까다로운 연구 주제이기 때문에 어떤 측면에서 접근하더라도 비판을 피하기 어렵겠지만, 나는 이 책의 논의를 이끌기 위해 이를 감수할 것이다. 어쨌든 이 책의 목표는 정체성에 대해 정리하는 게 아니라 행동

• 개인이 벌어들인 소득 중 세금 등을 빼고 개인의 의사에 따라 마음대로 쓸 수 있는 소득 – 옮긴이

변화를 이끌어내는 방법을 전달하는 것이기에 정체성 논의는 이 책의 목표에 맞는 수준에서만 진행하려 한다. 정체성에 관해 본격적으로 이야기하자면 책 한 권을 따로 써도 부족할 것이다.

행동변화와 관련해 정체성은 가장 강력한 압력이므로 그만큼 신중하게 접근해야 한다. 지난 6장에서 윤리적 판단과 책임에 대한 논의를 진행했는데, 사람들의 정체성에 대한 인식을 활용해 개입을 실행할 때는 그 결과에 책임의식을 가져야 한다. 그렇다고 해서 정체성에 대한 인식을 활용하지 말라는 의미는 아니다. 게다가 그렇게 할 수도 없는데, 우리가 하는 모든 일은 정도의 차이만 있을 뿐 모두 정체성에 대한 인식과 연결되어 있기 때문이다. 마치 운전처럼 피할 수 없는 일이면서 계속할수록 확률상 사고가 발생할 수밖에 없다면 더욱 조심하고 되도록 많은 정보를 활용해야 한다.

사람들에게 정체성을 물어보면 대부분 자신의 역할에 대해 답한다. "나는 아버지입니다." "나는 행동과학자입니다." "나는 미국인입니다." 그런데 우리는 저마다 여러 역할을 동시에 수행하며, 그 역할들의 방향성이 일치하는 것은 아니다. 또한 그 역할들은 끊임없이 변화한다. 바로 여기에 행동변화의 가능성이 존재한다. 우리의 정체성은 계속해서 변화하며, 그에 따라 압력도 변화한다.

인간의 정체성은 다면성을 지닌다. 미국 시인 월트 휘트먼Walt Whitman은 다음과 같은 글을 남기기도 했는데, 이 글을 마음에 새겨두기 바란다(이 글을 사무실 벽에 걸어두는 것도 좋겠다).

내가 나 자신을 부정하는 걸까?

그렇다면 나는 나 자신을 부정하겠다.

(나는 많은 것을 품고 있는 사람이며, 내 안에는 다양한 모습이 들어 있다.)*

사람들의 행동변화를 이끌어내는 가장 효과적인 방법은 이들이 가진 다면적인 정체성을 이용하는 것이다. 사람들의 정체성은 행동으로 표출되는데, 정체성이 다면적이라는 것은 다양한 행동변화가 나타날 수 있다는 뜻이다.

그렇다면 어떻게 접근해야 할까? 일단은 사람의 역할이 아니라 그가 드러내고자 하는 겉모습, 즉 페르소나 쪽으로 접근하는 게 좋다. 페르소나는 사람들에게 확증편향을 일으키는 가장 큰 요인이면서 외부의 개입에 쉽게 영향받는 특성이 있다. 따라서 사람들의 페르소나가 원하는 바에 맞는 압력이 무엇인지 파악하고 확인한다면, 행동변화를 이끌어낼 가능성은 아주 커진다.

정체성을 구조적으로 생각해보면 가장 위에 존재하는 것이 바로 역할이다. 그 아래에 가치관이 자리 잡고, 다시 그 아래에 실제 행동이 자리 잡고 있다. 이런 구조에서 정체성은 우리의 가치관이나 행동을 결정한다. 나는 나 자신을 전형적인 미국 촌사람으로 인식한다. 그리고 촌사람이라는 내집단**에서 나타나는 전형적인 가치관과 행

---

* 월트 휘트먼, 《풀잎》, 〈나 자신의 노래〉 중에서
** 가치관과 행동 양식이 비슷해 구성원이 애착과 일체감을 느끼는 집단 - 옮긴이

동을 보인다. 촌사람이라는 내집단에서 수용하는 행동으로는 조니 캐시(Johnny Cash*의 음악을 듣고, 카우보이 부츠를 신고, 단순한 논리를 선호하는 것 등을 들 수 있다. 또한 거부하는 행동으로는 클래식 음악을 듣고, 정장을 입고, 복잡한 거짓말을 하는 것 등을 들 수 있다.

그런가 하면 내집단과 대척점에 있는 가치관과 행동을 보이는 외집단도 있다. 촌사람이라는 내집단에 대한 외집단은 권위적인 고위층 사람을 들 수 있는데, 여기서 수용하는 대표적인 행동으로는 금전적 가치를 따지는 것이다. 그 반면 거부하는 행동으로 가장 먼저 떠오르는 것은 캠핑이다.

지금까지 논의한 바를 바탕으로 인간의 행동은 내집단에서 수용하는 행동, 내집단에서 거부하는 행동, 외집단에서 수용하는 행동, 외집단에서 거부하는 행동 등 네 가지로 구분할 수 있다. 그리고 이런 행동은 촉진압력이나 억제압력과 관련이 있다.

내집단에서 수용하는 행동은 촉진압력과 관련이 있고(촌사람들은 카우보이 부츠를 신기 좋아한다), 거부하는 행동은 억제압력과 관련이 있다(촌사람들은 복잡한 거짓말을 싫어한다). 그런가 하면 외집단에서 수용하는 행동은 내집단의 억제압력과 관련이 있고(촌사람들은 금전적 가치를 따지는 것을 싫어한다), 거부하는 행동은 내집단의 촉진압력과 관련이 있다(촌사람들은 캠핑을 좋아한다).

• 컨트리음악의 대중화에 앞장선 미국 싱어송라이터이자 배우 – 옮긴이

행동변화 디자인 프로세스를 진행할 때 이와 같은 개념을 활용할수 있다. 행동목표의 집단에 대해 내집단과 외집단의 역할을 질문하는 식으로 그들의 가치관과 행동을 파악할 수 있고, 그것을 토대로현재 상황에 작용하는 압력을 파악할 수 있다.

가치관은 중요한 역할을 한다. 가치관에 따라 억제압력이 촉진압력으로 변할 수 있기 때문이다. 또한 사람들의 비합리적인 행동을 설명해준다. 예를 들어 거의 모든 경우에 비용은 억제압력으로 작용하지만, 사람들의 가치관이 가치에서 과시로 변하면 비용은 촉진압력으로 작용하게 된다. 여기서도 내집단과 외집단은 서로 다른 행동을보이겠지만 말이다. 우리에게 가치관은 색안경과 같다. 어떤 가치관을 갖느냐에 따라 인식이 달라지고, 그에 따라 행동도 달라진다.

역할과 페르소나를 동일하게 인식하는 사람이 많다. X라는 페르소나를 지닌 사람은 언제나 Y라는 행동을 보일 거라고 생각하는 식이다. 하지만 이는 잘못된 생각이다. 인간은 동시에 다양한 역할을맡아서 수행하며, 그런 역할도 시간의 흐름에 따라 계속해서 바뀌게된다(자신을 촌사람으로 인식하더라도 카우보이 부츠를 신지 않는 사람도 많으며, 촌사람과 카우보이는 똑같은 행동을 보이지 않는다. 여기서 카우보이가역할이라면 촌사람은 페르소나가 된다).

그렇다고 해서 정체성이 유용하지 않다는 뜻은 아니다. 우리 목표는 사람들의 행동변화인데, 동일한 압력에 대해 모든 사람이 똑같은방식으로 반응할 거라고 기대할 수는 없다. 이는 사람들의 정체성이 일으키는 행동이 주어진 상황에 따라 달라지기 때문이다. 종교라는 정체성은 사람들의 주말 일정을 결정하고, 성 의식에 대한 정체성은 사람들의 패션을 결정할 수 있다. 그렇지만 어떤 압력에 대해 정체성이 일으키는 대응은 장소나 상황에 따라 다르게 나타난다(종교라는 정체성을 지니고 있다 하더라도 이러한 정체성이 일으키는 대응은 주말의 교회와 주중의 직장에서 서로 다르게 나타난다).

바로 여기서 개입 기법 하나를 만들 수 있다. 사람의 역할과 행동이 서로 밀접하게 관련 있다면 내집단과 외집단의 활동을 이용해 행동변화를 유도하는 것은 꽤 쉬운 일이다. 강한 연관성으로 말미암아 정체성을 활성화하는 것만으로도 행동변화를 이끌어낼 수 있기 때문이다. 내집단·외집단, 수용·거부 등으로 구성되는 매트릭스가 행동의 방향성을 결정하고, 장소와 상황은 변화의 세기를 결정한다.

이때 정체성을 활성화하는 가장 일반적인 방법은 '점화'다. 이는 의식적 또는 무의식적으로 사람들의 행동에 영향을 끼치는 정체성을 자극함으로써 행동변화를 유도한다. 사람들의 정체성을 자극하는 가장 간단한 방법은 다음과 같은 질문을 활용하는 것이다. "당신이 생각하는 자신의 성별은 무엇이며, 그렇게 답하는 이유는 무엇입니까?" "여성으로서 존재한다는 것이 당신에게는 어떤 의미가 있습니까?" 아니면 이벤트를 활용하는 방법도 있다. 여성 동아리를 만들거나 여성만 참가할 수 있는 대회를 개최하는 식이다.

점화와 관련해 내게 깊은 인상을 준 실험이 있다. 이 실험은[12] 아시아 여성을 대상으로 두 그룹으로 나눠 진행했는데, 한 그룹은 "당신은 아시아인입니다"라고 인식하게 한 뒤 수학시험을 치르게 했다. 또 다른 그룹은 "당신은 여성입니다"라고 인식하게 한 뒤 수학시험을 치르게 했다. 그러자 자신이 아시아인이라는 점화를 받은 그룹의 수학 점수가 여성이라는 점화를 받은 그룹보다 더 높게 나왔다. 아시아인은 수학을 잘하고, 여성은 수학을 못한다는 정체성에 대한 인식이 실제 결과로 이어졌던 것이다.

이 실험은 그 후로도 여러 차례 진행되었는데, 점화를 통해 정체성을 자극하더라도 그것이 예상되는 결과로 이어지는 경우는 시대에 따라 점점 더 제한적으로 나타났다. 점화가 효과를 나타내려면 정체성이 명확하게 정립되어 있고 당사자가 그러한 정체성을 기꺼이 받아들여야 하는데, 이 실험 결과가 최초로 발표된 이후 오늘날에 이르는 지난 20년 동안 여성과 아시아인의 수학 실력에 대한 인식이 크게 달라지면서 점화 효과가 줄어들었기 때문이다. 실제로 지난 20년 사이에 여성은 수학을 못하고 아시아인은 수학을 잘한다는 인식은 많이 허물어진 상태다. 아직 그런 인식이 완전히 없어진 것은 아니지만, 만약 지금 시점에서 20년 전의 그 실험을 다시 진행한다면 서로 다른 점화가 만들어내는 결과의 차이는 아주 작을 것이다.

점화가 효과를 나타내려면 역할과 행동 사이에 분명하면서도 강한 상관관계가 존재해야 한다. 그런데 그런 상관관계가 존재하지 않는다면 어떻게 해야 할까? 답은 간단하다. 바로 조정이나 중개를 통해 만들면 된다. 여기서 조정은 역할과 행동 사이의 상관관계를 강하거나 약하게 만드는 개입이고, 중개는 역할과 행동 사이의 상관관계가 없을 때 그것을 새롭게 만들어내는 개입이다.

몇 년 전에 실행된 여성용품 브랜드 올웨이스Always의 라이크어걸LikeAGirl 광고 캠페인을 생각해보자. 이 캠페인에서 광고 감독이 "여자아이처럼 뛰어보세요"라고 주문하자 성인 여성과 남성 모델들은 팔을 어색하게 좌우로 흔들어대고 뒤뚱거리며 뛰는 모습을 연출했다. "여자아이처럼 싸워보세요"와 "여자아이처럼 공을 던져보세요"라는 주문에도 이들은 어색하게 주먹을 날리고 공을 던지는 모습을 연출했다.

이번에는 감독이 진짜 여자아이들에게 똑같은 주문을 했다. 그러자 아이들은 제대로 된 동작으로 열심히 달리고, 주먹을 날리고, 공을 던졌다. 평소에 자신들이 운동하던 모습 그대로였다. 감독이 그중 한 아이에게 물었다. "내가 '여자아이처럼 뛰어보세요'라고 주문했을 때 그건 네게 어떤 의미였지?" 그러자 아이는 이렇게 대답했다. "네가 할 수 있는 한 최대한 빨리 달리라는 의미로 들렸어요."

나는 눈물이 나올 것 같았다.

성인 여성과 남성 그리고 남자아이들의 인식에는 여자아이라는 정체성과 우스꽝스러운 신체 움직임 사이에 강한 연관성이 자리 잡고 있다. 그런데 이는 현실과 다르며, 여기서 사람들의 바람직한 행동변화를 이끌어내려면 조정으로 이 연관성을 낮춰야 한다. 올웨이스 브랜드는 앞에서 소개한 광고 캠페인을 통해 이 연관성을 낮추려고 시도했던 것이다. 실제로 광고 감독은 출연 모델들에게 여자들은 사춘기를 거치면서 운동에 대한 자신감을 상실하게 될 뿐이며, 여자아이들은 아직 그런 과정을 거치지 않은 상태임을 알려주었다. 여자아이라는 정체성과 우스꽝스러운 신체 움직임 사이의 연관성을 낮추는 조정을 한 것이다. 이와 같은 조정 후에 감독은 성인 여성 모델들에게 여자아이처럼 뛰어보라고 다시 주문했다. 그러자 모델들은 제대로 된 동작으로 열심히 달리고, 주먹을 날리고, 공을 던지는 모습을 보여주었다. 이것이 바로 조정의 효과다. 필요에 따라 역할과 행동 사이의 상관관계를 강하거나 약하게 만듦으로써 바람직한 행동변화를 끌어내도록 해주는 것이다.

중개라는 개입의 경우는 내 어머니의 사례를 드는 게 가장 나을 듯하다. 어머니는 정말로 다정하면서도 생활력이 강한 사람이다. 마음이 넓고, 좀처럼 화도 내지 않는다. 그런데 내 기억으로 어머니가 정말로 힘들어하던 때가 있었다. 바로 내게 컴퓨터 사용법을 배웠을 때다. 어머니는 컴퓨터를 너무나도 어려워한 나머지 컴퓨터 앞에 앉아 있는 내 모습만 보여도 나를 피해 다른 곳으로 가버리곤 했다.

어머니는 평생 간호사로 일하다가 몇 년 전에 은퇴한 뒤 지금은 간호사 교육자로 다시 일한다. 그런데 어머니가 간호사로 은퇴하던 무렵에 맡고 있던 일은 간호정보과학 분야의 업무였다. 쉽게 말해 컴퓨터를 쓰는 간호사로 일했던 것이다.

이게 무슨 소리인지.

한때는 컴퓨터를 괴물처럼 인식하던 사람이 간호사 인생의 마지막 10년을 컴퓨터와 함께 보냈다니. 내 기억 속의 어머니는 컴퓨터를 보면 피하고, 컴퓨터 사용법을 배우다가 답답해하며 눈물을 흘리던 사람이었다. 그런 어머니가 간호정보과학 분야의 일을 10년이나 했다니 믿기 어려웠다. 그런데 정체성이라는 렌즈를 통해 바라보면 이해가 가는 일이기도 했다.

오리건의 시골 출신인 어머니의 정체성은 원래 컴퓨터와는 전혀 상관없는 것이었다. 어머니는 첨단 기술은커녕 대학 교육에서도 여자가 배제되는 세대에 속했다. 어머니의 내집단에서는 남녀평등에 대한 억제압력이 작용하고 있었고, 어머니 본인도 자기 자신을 컴퓨터를 이해할 필요도 없고, 이해하지도 못하는 존재라고 인식했다. 실제로 자신에게 컴퓨터는 출입 금지 구역과 같다는 말까지 한 적이 있다.

하지만 내게 컴퓨터는 보물 그 자체였다. 부모님이 열심히 저축해 컴퓨터를 사주신 뒤로 문제가 발생하면 모두 내 손으로 고쳐서 사용해야 했다. 윈도우도 직접 설치하고, 파워를 비롯한 각종 부품도 직접 교체하고, 추가적으로 내 취향에 맞게 재조립하기도 했다. 나는 그 컴퓨터를 무엇보다 소중히 여겼다.

컴퓨터는 젊은 남자라는 내 정체성에 들어맞는 물건이었기 때문에 촉진압력이 강하게 작용했고, 컴퓨터를 소중하게 다루고 업그레이드 하는 것은 내게 당연한 일이었다. 하지만 어머니에게는 컴퓨터의 사용과 관련해 억제압력만 작용하고 있었다. 이와 같은 압력의 작용을 전혀 이해하지 못했던 나는 내게 작용하는 촉진압력만 생각하며 어머니에게 억지로 컴퓨터 사용법을 가르쳐드리려 했고, 당연히 어머니 쪽에서의 행동변화는 나타나지 않았다.

그러다 어머니 쪽에서 변화가 나타났다. 병원 업무에 컴퓨터를 일상적으로 쓰게 되면서 컴퓨터 사용에 대한 억제압력이 줄어드는 조정이 일어났던 것이다. 이제 컴퓨터는 대학을 졸업한 도시 거주 남자뿐 아니라 모든 사람이 사용하는 장비가 되었고, 어머니도 그런 현실을 인식했다. 그리고 이러한 인식 변화는 어머니의 정체성과 기존 행동 사이의 상관관계를 약하게 만드는 결과로 이어졌다.

그다음에는 중개가 일어났다. 어머니의 정체성과 컴퓨터 사용이라는 행동 사이에 예전에 없던 관계가 형성된 것이다. 이런 관계를 만들어낸 원동력은 간호사라는 임무였다. 환자를 돌보고, 환자의 상태 변화를 기록하고, 환자의 다양한 정보를 관리하는 데 컴퓨터가 사용되면서 간호사인 어머니에게도 컴퓨터 사용이 당연한 일이 된 것이다. 어머니가 인식하는 컴퓨터는 환자를 살리는 도구가 되었고, 그렇다면 간호사에게 컴퓨터는 기본적인 장비가 되는 셈이었다.

이 과정에서 점화는 일어나지 않았다. 누구도 어머니에게 당신은 간호사니까, 어머니이니까, 여자니까 컴퓨터를 사용해야 한다는 식으로 말하지 않았다. 다만 컴퓨터 사용(행동)과 간호 업무(정체성)가

연결되면서 어머니는 자연스럽게 컴퓨터 사용이라는 행동변화를 받아들인 것이다.

중개는 조정에 대한 기회를 만들고, 조정은 점화에 대한 기회를 만들어준다. 정체성과 행동 사이에 상관관계가 존재하면 그것을 조정하고 활성화하는 게 가능하다. 그리고 올바른 개입이 이루어지면 행동변화가 일어난다. 내 어머니의 경우를 생각해보면 컴퓨터와 간호 업무 사이에 관계가 만들어지면서 어머니는 컴퓨터 사용을 자신의 일로 받아들였고, 간호정보과학 분야에서 일했으며, 인생행로까지 변했다. 어머니는 새로운 일에 매우 만족해한다.

10장

인지 능력의
황금 비율을
찾아라

//

시간과 돈 그리고 그 밖의 한정된 자원들은 우리 행동에 영향을 끼치는 강력한 압력으로 작용한다. 하지만 가장 강한 압력의 원천을 꼽으라면 나는 인지적 주의를 꼽겠다. 인간의 두뇌는 파이차트처럼 도식화할 수 있으며, 인지 능력의 변화에 따라 더 큰 파이가 되거나 더 작은 파이가 되기도 한다. 그런데 당신은 어떤지 모르겠지만, 내 두뇌의 파이는 점점 더 작아지고 있다. 나이가 들고, 수면 시간이 부족하고, 스트레스가 늘어나고, 운동할 시간이 없고, 식사의 질이 예전보다 더 나빠지는 등 어떤 면을 보더라도 인지 능력에 도움이 되는 작용은 일어나지 않을 듯하다. 이렇게 파이의 크기는 줄어들고 있지만, 인지 능력이라는 파이를 나눠 써야 할 곳은 새롭게 생겨난다. 내 아들 베어를 돌봐야 하고, 경력을 발전시켜야 하며, 떨어지는 신체 능력도 보강해야 한다. 또한 세상의 변화 자체가 우리에게 더 많은 작업을 요구하는 쪽으로 나아가고 있다.

이와 같은 이유로 우리는 무언가에 인지 능력을 쓰는 데 인색해질 수밖에 없다. 우리가 편향성을 띠고 겉모습이나 작은 단서만으로 섣불리 판단하는 것도 이 때문이다. 우리에게 쏟아지는 일과 정보의 양이 많아지면 이런 경향은 더욱 심화될 것이다. 인지 능력이라는 우리 두뇌의 파이를 차지하기 위해 모든 것은 서로 경쟁 상대가 된다. 사람들이 광고 시장에만 2200억 달러의 돈을 지출하는 이유도 여기에 있다. 만약 행동변화의 요인이 촉진압력에만 있다면 더 많은 광고비를 지출하고 더 큰 인지 공간을 차지하는 쪽에서 승리하게 될 테고, 광고비는 군비경쟁의 양상으로 전개될 것이다.

페이스북만 하더라도 지금까지 사람들의 인지 공간을 더 많이 차지하는 데만 관심을 집중했다(사이트에 머무는 시간을 중요한 판단 기준으로 삼았다). 사람들이 과도하게 오랜 시간 페이스북 사이트에 머물기 시작했다는 게 분명해졌음에도 페이스북은 사람들의 인지 공간을 더 많이 빼앗아오기 위해 계속해서 새로운 기능을 추가했다.

그런데 조금 다른 전략을 추구했더라면 어땠을까? 페이스북이 행동목표를 기술한다면 욕구는 '사람들을 우리 사이트에 계속해서 머물도록 한다'가 될 것이다. 페이스북은 사용자를 자신들의 사이트에 계속 머물도록 하기 위해 페이스북상에서 더 많은 작업을 할 수 있게 하는 전략을 추진했다. 즉 페이스북상에서 더 많은 인지 능력을 사용하도록 했다. 하지만 페이스북에 오래 머물더라도 인지 능력을 많이 사용하지 않아도 되도록 했다면 어땠을까? 그게 더 나은 상품이 아닐까?

즉 사용자가 원한다면 페이스북의 기능을 뺄 수 있게 해주는 것이다. 이는 페이스북상에서 인지 능력을 사용하지 않고 활동할 수 있게 하라는 말이 아니다. 사용자가 중요하게 여기는 활동에는 인지 능력을 사용하되, 그렇지 않은 활동에는 사용하지 않도록 상품을 구성할 수 있다는 말이다. 인지 능력을 지나치게 쓴 사용자가 지친 채로 하루를 끝내도록 하는 게 아니라, 적당히 기분 좋은 상태에서 하루를 마무리 짓도록 해주는 접근법이 더 바람직하지 않겠는가.

이번에는 다시 우버 이야기를 해보겠다. A 지점에서 B 지점으로 가는 일에 별다른 인지 능력을 쓰지 않게 해주는 상품이 있다면, 즉 목적지로 가는 일에서 생기는 부담을 덜어주는 상품이 있다면 그것은 좋은 상품이다. 실제로 우버 서비스를 자주 이용하다 보면 목적지로 가는 일에 대해서는 인지 능력을 거의 쓰지 않게 된다. 이는 우버 서비스가 없는 곳으로 가보면 분명하게 알 수 있다. 어쩌다 우버 서비스가 없는 도시의 공항에 내리면 당혹감마저 들기도 한다. '호텔까지 어떻게 가야 하지? 호텔 위치가 어디라는 거야?'

지금도 미국에서는 해마다 몇백만 대의 차량이 팔린다. 왜 그럴까? 자동차를 좋아하는 사람들, 자동차 운전에 기꺼이 인지 능력을 쓰려는 사람들이 여전히 있기 때문이다. 나는 1960년대 초에 출시된 링컨 콘티넨털을 타보고 싶다. 매트블랙 색상에 수어사이드 도어*가 달린 멋진 차다. 이 세상에는 사람들이 기꺼이 인지 능력을 쓰려는 대상이 존재하며, 그것을 파악해 사람들의 행동변화를 이끌어내는 게 행동과학자의 일이다.

이를 위해서는 우선 사람들이 어떤 대상에 자신의 인지 공간을 내어주고 있는지 알아내야 한다. 물론 사람들의 머릿속을 직접 들여다볼 수는 없다. 하지만 자신의 시간과 돈, 그 밖의 한정된 자원을 어디에 투입하고 있는지, 그리고 그것들이 부족할 때 가장 먼저 포기하는 행동이 무엇인지를 파악함으로써 그들의 인지 공간에 무엇이 얼마만큼 들어 있는지를 가늠할 수 있다. 이와 같은 작업이 정량적 파악이라면 정성적 파악도 있다. 정성적 파악은 질문을 통해 이루어질 수 있다. 상당한 비용을 치르더라도 얻고 싶은 게 있다면 그것이 무엇인지, 앞으로 더 오랜 시간을 투입하고자 하는 활동은 무엇인지 등을 물어보는 것이다. 다만 사람들의 응답은 조금 가감해 받아들여야 한다. 사회심리학자 팀 윌슨Tim Wilson은 니체를 인용해 인간에게 자기 자신은 낯선 존재일 수 있다고 말했다. 즉 인간은 자신의 무의식 영역에서 무슨 일이 일어나는지 정확하게 알 수 없고, 그렇기 때문에 의식 영역에서 자기 자신을 인식할 때 많은 왜곡과 편향이 일어난다는 것이다.

사람들의 인지 공간을 차지하고 있는 활동이 무엇인지는 정확하게

• 앞뒤 문짝이 자동차 중앙에서 바깥으로 활짝 열리는 구조의 문 – 옮긴이

구분해야 한다. 옷을 사는 데 인지 능력을 쓰는 것과 옷을 입고 바깥에서 뽐내는 데 인지 능력을 쓰는 것은 서로 분명히 다르다. 식재료 배달 서비스 스타트업인 블루에이프런Blue Apron은 요리라는 활동을 편리하게 해주겠다면서 서비스를 시작했다. 하지만 실제로는 고객에게 요리에 더 많은 인지 능력을 투입하도록 했고, 회사의 성장세도 크게 꺾인 상황이다. 블루에이프런의 조리법을 따라 하는 건 전문 요리사가 출연하는 요리 방송을 따라 하는 것만큼이나 까다로운 일이었다. 생전 처음 들어보는 조리법을 블루에이프런 덕분에 알게 되었을 정도다. 블루에이프런이 편리하게 해준 것은 식재료 구입과 조리법 선택 정도일 뿐이었고, 전문적인 요리를 해보고 싶어 하는 극소수의 고객을 제외한 나머지 고객을 피곤하게 했다. 이런 식으로는 고객의 숫자를 크게 늘릴 수도, 수십억 달러 가치의 기업으로 성장할 수도 없다.

게다가 정작 전문적인 요리를 해보고 싶어 하는 사람에게는 식재료 구입과 조리법 선택을 편리하게 해주는 것이 얼마나 의미 있는 일일지도 의문이다. 그런 이들에게는 식재료 구입과 조리법 선택에 인지 능력을 사용하는 과정 자체가 즐거운 일일 텐데 말이다(나는 요리 자체보다 식재료 고르는 일을 더 좋아하는데, 전 세계에 있는 수많은 식재료 시장을 보면 나 같은 사람이 적지 않을 것이다). 사람들이 달리기를 하는 이유는 멈출 수 있어서라는 농담도 있듯이, 어떤 작업에 투입되는 노력을 덜어주는 것을 싫어하는 사람은 거의 없다. 하지만 노력을 덜어주는 일을 무분별하게 한다면 뒤이어 해나가는 작업에 부정적인 영향을 끼칠 수도 있다.

블루에이프런의 실수를 반복하지 않으려면 사람들이 인지 능력을 사용하고 싶어 하는 활동과 그렇지 않은 활동이 무엇인지 분명하게 파악하고 있어야 한다(그럼으로써 어떤 집단의 행동변화를 이끌어내려면 어떤 개입을 실행해야 하는지 판단할 수 있다). 이를 파악하는 데 오토메이션automation과 큐레이션curation 개념을 활용할 수 있다. 나는 옷을 고르고 사는 과정을 그리 즐기는 편이 아니다. 옷 구입과 관련해서는 기본적인 촉진압력만 충족된다면 억제압력을 최소화하는 데 초점이 맞춰지므로 나의 옷 구입 과정은 오토메이션이다. 출근할 때는 항상 같은 옷을 입고(40R 사이즈의 존바바토스 블레이저와 노드스트롬 트림 핏 셔츠, 존바바토스 진, 에리엇의 갈색이나 검정 카우보이 부츠가 내 옷차림이다), 가격이 일정 수준 이하라면 항상 똑같은 옷만 산다. 나는 옷을 사는 데 인지 능력을 거의 사용하지 않는 셈이다.

그렇게 해서 아낀 인지 능력은 컴퓨터에 투입한다. 나는 첫 번째 컴퓨터만 빼고 모든 컴퓨터를 직접 조립해서 사용한다. 어떤 부품을 쓸지 일일이 고르고, 부품마다 사용 후기를 꼼꼼하게 읽어보며, 최적의 가격을 찾아서 주문한다. 컴퓨터 부품의 다양한 기능과 특징을 살펴보는 데도 오랜 시간을 들인다. 유명한 제작자의 인터뷰를 찾아 읽어보고, 직접 조립한 컴퓨터의 파워 용량을 계산해보는 일은 내게 매우 즐거운 경험이다. 따라서 나의 컴퓨터 구입 과정은 오토메이션이 아니라 큐레이션이다.

그런데 이 세상 어딘가에는 나와 정반대 성향을 보이는 사람도 있을 테고, 그들의 컴퓨터 구입 과정은 오토메이션일 것이다. 2년마다 최신 사양의 컴퓨터를 기계적으로 구입함으로써 컴퓨터 구입에는 인지 능력을 거의 사용하지 않는다. 반면에 옷 구입 과정은 큐레이션으로, 되도록 많은 옷을 직접 입어보면서 고르고, 최신 유행 패션을 파악하느라 인스타그램도 열심히 찾아볼 것이다. 한정된 자원을 어느 대상에 주로 사용하느냐로 그 사람의 정체성을 가늠해볼 수 있으며('나는 최고의 컴퓨터 부품을 찾기 위해 오랜 시간을 투입하는 유형의 사람이다'), 정체성은 행동에 대한 강한 압력으로 작용한다.

사람들은 선택을 할 때도 인지 능력의 사용에 차이를 보인다. 예를 들어 읽을 책을 골라야 하는데, 책이 주는 만족도를 객관적인 점수로 나타낼 수 있다고 가정해보자. 책 A는 8점, B는 7점, C는 5점이라는 식으로 말이다. 그리고 어떤 사람이 책이 주는 만족도에서 자신만의 최소 기준을 갖고 있고(여기서는 7점이라고 하자), 그 기준 이상의 책에서는 같은 수준의 만족감을 얻는다고 가정해보자. 이러한 가정하에서 이 사람이 책 C를 맨 처음 고른다면 만족하지 못하고 계속해서 책을 찾아다닐 것이다. 그러다 책 A나 B를 찾는다면 그 책을 읽고 다른 일을 하게 될 것이다. 이런 식으로 선택하는 사람은 객관적인 점수로 나타나는 최고의 책을 고르지 못할 가능성은 있지만, 자신의 인지 능력을 꽤 효율적으로 사용하게 된다.

반면에 자신이 찾을 수 있는 최고의 선택을 추구하는 사람도 있다. 책 B를 찾더라도 어딘가에 있을 A를 계속해서 찾아다니는 것이다. 게다가 이와 같은 사람은 책 A를 찾았다 하더라도 D부터 Z까지 모두 찾아서 확인한다. 어딘가에 9점이나 10점짜리 책이 있을지도 모른다고 생각하기 때문이다. 이런 식의 선택을 추구하는 사람은 자신이 찾을 수 있는 최고의 것을 찾을 수도 있지만, 그것을 위해 막대한 인지 능력을 투입하게 된다.

중요하지 않은 일에서는 최소 기준을 추구하고, 중요한 일에서는 최고 기준을 추구하는 방식이 이상적일 것이다. 그러나 이상적이라는 것은 자연스럽지 못하다는 뜻이고, 대부분의 사람은 자연스럽지 못한 길을 잘 따라가지 않는다. 다만 개입을 통해 인지 능력 사용의 효율성을 추구하는 방법은 있다. 예를 들어 어떤 사람이 옷 사기를 좋아하고 옷을 사는 데 최고 기준을 추구한다면, 선택할 수 있는 대상의 유형을 다양하게 가져가면서 가짓수는 제한하는 식으로 인지 능력 사용의 효율성을 추구할 수 있다. 상대적으로 인지 능력을 적게 투입하면서 만족스러운 옷을 찾을 수 있는 것이다.

지금까지의 논의에서 생각해본다면 인지 능력 사용의 선호도를 기준으로 고객 집단을 세분화할 수 있다는 결론이 나온다. 그리고 각각의 세분 집단에 대해 행동변화 디자인 프로세스를 적용하고 행동변화를 추구할 수 있다. 앞에서 논의한 오토메이션과 큐레이션의 차이는 다음과 같이 정리할 수 있다. '어떤 대상에 대해 얼마나 많은 인지

능력을 투입하고자 하는가? 그 점을 제외한다면 오토메이션과 큐레이션의 진행 과정은 사실상 같다.'

우리가 블루에이프런을 인수해 내일부터 경영한다고 생각해보자. 현재 블루에이프런은 식재료 구입과 조리법 선택에는 인지 능력을 쓰지 않고, 오직 요리에만 인지 능력을 쓰고 싶어 하는 사람이 주요 고객이다. 하지만 이 세상에는 오로지 만들어진 음식을 먹는 일에만 인지 능력을 쓰고 싶어 하는 사람이 훨씬 더 많다. 그렇다면 훨씬 더 큰 규모의 고객 집단에 새로 접근하고, 기존의 작은 고객 집단은 버리는 게 더 나은 선택이 아닐까?

이는 옳은 선택일 수도 있지만, 실패로 끝날 가능성이 더 크다. 이때는 별도의 브랜드를 만들어 쉽게 요리해 먹을 수 있는 식재료 배달 서비스를 추가하는 편이 더 낫다. 식재료 배달이라는 서비스 자체는 블루에이프런과 같지만, 특별한 도구의 사용이나 인지 능력의 투입 없이 요리해 먹을 수 있도록 하는 것이다.

블루에이프런을 경영할 때 특별히 신경 써야 하는 업무의 99퍼센트는 식재료 구입과 조리법 선택에 고객이 인지 능력을 사용하지 않아도 되도록 하는 것이다. 즉 식재료를 대량으로 구입해 조리법에 맞도록 소분 포장하고, 식재료 키트의 신선도를 유지해 정해진 시간에 고객의 집에 배달하는 것이 핵심이다. 이 일련의 과정만 제대로 이루어진다면 별도의 브랜드를 만들어 식재료 배달 사업을 추가하는 일은 전혀 어려울 게 없다. 이는 다른 기업도 마찬가지다. 기존의 인프

라를 활용해 추가적인 개입을 실행하는 식으로 시장을 확장해나갈 수 있다. 다만 이를 위해서는 고객이 어떤 활동에 인지 능력을 투입하고 싶어 하는지를 분명하게 파악하고, 그와 같은 선호도에 적합한 개입을 찾아내야 한다.

인지 능력이 사용되는 환경이나 상황도 고려 대상이다. 환경이나 상황에 따라 압력이 달라지고, 개입 효과도 달라지기 때문이다. 조용한 사무실과 시끄러운 술집에서 무언가를 판단한다면, 판단의 결과는 서로 다르게 나온다. 사람들이 지쳐 있을 때와 인지 능력이 활성화되어 있을 때, 술에 취해 있을 때와 정신이 맑을 때, 배고플 때와 배부를 때는 서로 다른 판단이 내려진다. 인간은 어떤 환경이나 상황에 놓여 있느냐에 따라 인지 능력의 여력이 달라지며, 이는 판단과 행동에도 영향을 미친다.

T. K. 맥도널드T. K. MacDonald의 논문을 보면 다음과 같은 내용이 나온다.[13] "알코올은 인지 능력을 해치고, 가장 두드러진 어느 한 가지 신호에만 관심을 집중하게 한다." 인지 능력의 여력이 줄어들수록 우리 두뇌는 편향성을 보이거나 어느 한 가지 신호에만 인지 능력을 집중한다. 이는 행동변화를 추구하는 사람에게 기회가 되기도 하고, 위기가 되기도 한다.

습관적인 행동이나 판단을 생각해보라. 우리는 너무 바쁘고 두뇌에 여력이 없으면 전에 하던 습관대로 행동이나 판단을 하게 된다. 인간의 행동에 습관적 판단이 끼치는 영향력은 매우 크다. 사망 때

장기 기증을 하지 않는 사회적 습관이 있는 독일은 장기 기증 서약을 하는 사람이 전체 성인의 12퍼센트 정도라고 한다. 반면에 바로 옆 나라이지만, 사망 때 장기 기증을 하는 사회적 습관이 있는 오스트리아는 전체 성인의 99.98퍼센트가 장기 기증 서약을 한 상태라고 한다.[14] 환경이나 상황이 만들어내는 압력이 강하고, 인지 능력의 여력이 줄어들수록 사람들은 습관을 따르고, 가장 두드러지게 나타나는 어느 한 가지 신호에만 관심을 두게 된다. 따라서 사람들에게 인지 능력의 여력이 생기지 않도록 하는 개입을 실행하고 강한 신호를 주는 식으로 우리가 원하는 행동변화를 이끌어낼 수 있다.

아니면 인지 능력에 부담을 주지 않는 환경이나 상황을 만들어주고, 가장 합리적인 대안을 제시하는 식으로 행동변화를 이끌어낼 수도 있다. 법원에서 살인범을 처벌할 때도 우발적 살인이냐(강한 압력을 받으면서 인지 능력에 여력이 없던 상황에서의 살인), 계획적 살인이냐에(인지 능력에 충분한 여력이 있던 상황에서의 살인) 따라 처벌 수위가 달라진다. 행동변화와 관련해 사람들이 충분히 생각하고 판단할 때 바람직한 행동이 나오는 경우에는 인지적 부담을 덜어주는 식으로 개입하는 것이 옳은 방향이다.

우리 두뇌는 인지 능력을 효율적으로 사용하기 위한 방편으로 반복적인 자극은 무시하고 새로운 자극에 집중하는 식으로 작용한다. 따라서 개입을 새롭게 설계할수록 사람들의 인지 공간을 더 많이 차지하고, 이는 행동변화를 추구하는 쪽에 더욱 유리한 상황이 될 수 있다.

사실 이번 장에서 인지 능력에 대한 논의를 너무 장황하게 이끌어 온 듯하다. 그래서 이쯤에서 정리하고 마무리 지으려 한다. 사람들이 인지 능력을 어떤 활동에 쓰는지, 사람들의 인지 판단 습관이 무엇인 지, 우리가 개입하려는 인지적 환경이 어떤지 등을 정확하게 파악하 고 가장 효과적인 개입을 설계하라. 여기까지가 이 장의 내용이다!

11장

특별한 존재라는
느낌과 소속감을
느끼게 하라

//////////////////////////////////////

인간은 영원히 고통받는 존재인지도 모르겠다. 뛰어난 두뇌를 얻었지만, 생존과는 상관도 없는 온갖 내적 욕구 사이에서 균형점을 찾느라 평생 고뇌한다. 이러한 내적 욕구 가운데 서로에 대해 근본적으로 모순적인 것 두 가지를 꼽으라면 집단에 속하고 싶은 욕구와 특별한 존재가 되고 싶은 욕구를 꼽을 수 있다.

우리는 자신이 특별한 존재라는 느낌을 받지 못하면 우울감에 빠지곤 한다. 또한 어느 집단에 속해 있다는 느낌을 받지 못해도 마찬가지다. 이런 욕구 사이에서 균형점을 찾기 위해 우리는 많은 고민을 하고 여러 시도를 하지만, 균형을 찾는 일은 아득히 멀기만 하고 문제만 더 복잡해질 뿐이다. 이 세상에는 우리에게 집단에서 뛰쳐나오도록 하는 요인도 많고, 특별한 존재가 되지 못하도록 하는 요인도 많다. 우리는 그와 같은 요인들 사이에서 내적 욕구를 추구하며 끊임

없이 움직이지만, 결국은 더 큰 문제가 발생했다고 여겨지는 부분에 응급처치만 하며 돌아다니는 데 지나지 않는다. 이 두 욕구 사이에서 생기는 갈등은 많은 외부 개입의 여지가 있으며, 행동변화를 추구하는 사람에게는 그냥 지나칠 수 없는 기회이기도 하다. 특별함과 소속감에 대한 추구는 웹사이트 로그인에서도 나타날 정도다.

웹사이트에 로그인을 하면 모니터 화면의 오른쪽 위에 뭐가 보이는가? 대부분 자신의 이름이 보일 것이다. 그 이름은 자신이 세상 유일의 존재라는 징표다. 몇몇 웹사이트에서는 접속자의 이름과 함께 사진까지 띄워준다. 사진을 띄워줄 특별한 이유도 없고, 어차피 접속자 본인 말고는 볼 수 없는데도 그렇다. 접속자가 자신의 이름과 사진을 보려고 로그인을 하는 것은 아니다. 하지만 접속자의 이름과 사진을 띄워줄 때 로그인하는 사람의 비율이 증가하는 것도 사실이다. 우리가 하는 개입은 외부에서 보았을 때 합리적이거나 수용적일 필요는 없다. 결과가 좋으면 그것은 좋은 개입이다.

이번에는 모니터 화면의 왼쪽 아래를 보자. 뭐가 보이는가? 페이스북의 경우는 자신과 연결된 사람이 몇 명이나 되는지, 그 가운데 친구 관계인 사람은 몇 명이나 되는지를 알려준다. 자신이 속해 있는 부족의 구성원이 얼마나 되는지 확인할 수 있는 것이다! 무리를 지으려는 인간의 성향은 인터넷상에서도 그대로 드러난다. 자신의 페이지에 기록된 '좋아요' 숫자를 확인하기 위해, 그러니까 나와 같은 생각을 하는 사람이 얼마나 되는지를 확인하기 위해 로그인했다고 공개적으로 말하는 이는 거의 없을 것이다. 그러나 페이스북과 판도라를 비롯한 많은 인터넷 서비스가 '좋아요' 숫자를 알려주는 기능을 마련해두었다.

우리는 맞춤형 서비스를 제공함으로써 사람들에게 특별한 존재라는 느낌을 받게 할 수 있다. 또한 맞춤형 서비스를 서로 공유하고 그 사실을 확인하도록 함으로써 소속감을 느끼게 할 수 있다(공유 사실 확인도 매우 중요하다. 무언가를 공유했는데 다른 사람의 피드백을 받지 못한다면 그것만큼 소외감을 느끼게 하는 일도 없다). 행동변화를 위한 개입은 까다롭거나 복잡하지 않아도 된다. 코카콜라를 떠올려보라. 코카콜라 용기에 개인의 이름이나 메시지를 적을 수 있게 하는 간단한 방법으로 특별함과 소속감을 둘 다 만들어준다. 어떤 상품이든 특별함과 소속감을 동시에 만들어내는 방법을 찾을 수 있다면 사람들의 행동변화로 이어질 것이다.

개인도 특별함과 소속감 사이에서 균형을 잡기 어려워하지만, 전 세계 각 문화권에 속해 있는 사람들도 어느 한쪽으로 치우치는 모습을 보인다. 그런 불균형은 어떤 개입에 대한 서로 다른 반응이나 인식으로 이어진다. 스탠퍼드 대학의 헤이즐 마커스Hazel Markus 교수팀은 다양한 문화권에서 이 같은 불균형이 어떤 차이를 만들어내는지 연구한다. 이를테면 개인의 특별함이 더 강조되는 서양 문화권의 사람들은 자기 스스로 더 많은 결정을 내린다고 인식하는 반면, 집단에 대한 소속감이 더 강조되는 동양 문화권의 사람들은 자기 스스로 내리는 결정이 얼마 되지 않는다고 인식한다. 예를 들어 똑같은 설문 내용이 서로 다른 색의 종이에 인쇄되어 사람들 앞에 놓여 있다고 가정해보자. 사람들은 어떤 색의 설문지 하나를 골라 답한 다음 제출해야 한다. 이때 "당신은 설문지를 고를 때 스스로 무언가를 선택했습니까?"라고 질문하면 서양 문화권의 사람들은 "예"라고 대답한다. 즉 설문지의 색깔을 선택했다는 것이다. 반면에 동양 문화권의 사람들은 "아니요"라고 대답한다. 설문 내용이 똑같기 때문에 자신이 별도로 무언가를 선택한 건 아니라는 것이다.[15]

문화 차이는 지구상의 서로 먼 지역에서만 나타나는 것이 아니다. 같은 미국 내에서도 더 높은 사회경제적 지위에 있는 사람은 낮은 지위에 있는 사람보다 특별함을 추구하려는 경향이 더 강하다. 왜 그럴까? 높은 사회경제적 지위에 있다는 건 다른 사람들이 원하는 기본적인 것을 다 갖고 있다는 뜻이고, 여기서 오는 안정감 때문에 소속감보다는 특별함을 추구한다. 반면에 낮은 사회경제적 지위에 있는 사람들은 안정감을 추구하고, 이는 소속감의 추구로 이어진다.

마커스 교수는 사회경제적 지위 차이가 만들어내는 인간의 행동에 대한 실험도 계속하고 있는데,[16] 그중 내게 깊은 인상을 준 것은 자동차 소유 실험이다. 이는 어쩌면 내가 낮은 사회경제적 지위에 있었기 때문인지도 모른다(내가 자랐던 오리건주의 시골 지역에서는 내 나이대가 대학에 본격적으로 진학하기 시작한 첫 세대다). 그래서 이 실험에 관해 좀 더 자세히 이야기해보려고 한다. 게다가 그 내용이 흥미롭기도 하다. 누가 당신에게 100만 달러를 주면서 사고 싶은 차가 무엇이든 사라고 허용했다고 상상해보자. 당신은 어떤 모델, 어떤 색상의 차를 선택하겠는가? 나는 그런 기회가 주어진다면 1960년대 초에 생산된 링컨콘티넨털을 선택할 것이다. 매트블랙 색상에 수어사이드 도어가 달린 모델로, 앞에서도 언급했듯이 내가 가장 좋아하는 자동차다.

당신은 그 차를 차고가 아닌 집 앞에 세워놓았다. 동네 사람들에게 자랑하고 싶기 때문이다. 바로 옆집에는 가장 친한 친구가 살고 있는데, 당신은 그와 새로 구입한 차에 관한 이야기를 한참 동안 나누었다. 자랑을 마친 당신은 기분 좋게 집에 돌아와 쉬다가 잠자리에 들었다.

다음 날 아침, 신문을 가지러 집 앞으로 나간 당신은 다시 한 번 링컨콘티넨털을 바라본다. 자꾸만 봐도 기분이 좋다. 정말 만족스러운 느낌으로 신문을 집어 들고 집 안으로 들어가려던 순간, 친구의 집 앞에 서 있는 무언가를 보게 된다. 당신의 차와 똑같은 매트블랙 색상에 수어사이드 도어가 달린 링컨콘티넨털이 주차되어 있는 것이다.

이때 당신은 어떤 기분이 들겠는가?

마커스 교수의 실험 결과에 따르면 높은 사회경제적 지위에 있는 사람들은 이와 같은 상황에서 부정적인 감정을 느낀다. 심지어 똑같은 차를 구입한 이웃에게 적대감을 보이는 경우도 있다. 반면에 낮은 사회경제적 지위에 있는 사람들은 자동차 동호회를 만들려고 한다. 이들은 소속감을 중시하기에 이왕이면 친구나 이웃과 똑같은 차를 모는 것을 좋아하고, 다른 이웃들도 똑같은 차를 구입해 동호회에 들어오기를 바란다. 어쩌면 금요일 밤마다 매트블랙 색상에 수어사이드 도어가 달린 링컨콘티넨털들이 무리 지어 동네를 빠져나가는 광경이 연출될지도 모르겠다.

인구통계학적 연구 결과를 지나치게 일반화해 특정 인구 집단에 그대로 적용하는 것은 금물이다. 사회경제적 지위에 대한 연구도 마찬가지로, 한 사회집단에서 어떤 성향이 조금 높게 나왔다고 해서 그 집단의 사람이 모두 그와 같은 성향을 가진 것은 결코 아니다. 게다가 사회경제적 지위는 살아가는 동안 바뀌는 경우도 많다. 인구 집단 수준의 행동변화를 추구할 때 우리에게 필요한 것은 완벽한 개입이 아니다. 우리가 의도하는 결과가 나온다면 완벽하지 않은 개입이라 하더라도 실행할 만한 가치는 있다. 어떤 집단이 특별함을 추구하는 경향을 가졌는지, 아니면 소속감을 추구하는 경향을 가졌는지는 행동변화를 이끌어내려는 사람에게 중요한 참고 사항이 된다.

지난 미국 대통령 선거 때의 도널드 트럼프 후보 유세장을 떠올려보라. 대부분의 사람이 같은 옷을 입고, 같은 모자를 쓰고, 같은 구호를 외치고 있었다는 것을 인식하겠는가? '미국을 다시 위대하게'라는 문구가 적힌 모자를 쓰고 다른 사람들이 외치는 구호를 따라 외치면 누구라도 트럼프 후보 유세장의 지지자가 될 수 있었다. 트럼프 후보 진영은 소속감을 중시하는 사람들이 바라는 바를 제대로 파악했고, 유세장에서 그들이 좋아할 만한 것을 보여주었다.

이번에는 힐러리 클린턴 후보의 유세장을 떠올려보라. 언뜻 보기에도 다양성을 중시하는 사람들의 모임이었다. 그런데 클린턴 후보 진영이 그 다양성을 효과적으로 강조했다고 생각하는가? 그들은 지지자의 욕구를 제대로 파악하고, 그 욕구가 표출될 수 있도록 압력을 조정할 필요가 있었다. 다양성을 지지한다는 의미를 나타내는 상징을 곳곳에 만들어두고, 사람들이 저마다의 생각을 드러낼 수 있도록 적절한 도구를 제공했다면 어땠을까. 이를테면 '나는 힐러리 클린턴을 지지한다. 왜냐하면 …'이라는 팻말을 만들어 지지자들이 직접 문장을 완성할 수 있도록 하고, 그것을 SNS에서 전파하게 하는 것이다. 트럼프 후보는 지지자들의 소속감에 대한 욕구를 효과적으로 충족시켰지만, 클린턴 후보는 지지자들의 다양성에 대한 욕구를 효과적으로 충족시켰다고 하기 어렵다.

어떤 상황에 작용하는 압력에 대해 적절한 개입을 실행해주지 못함으로써 미국인들은 4년 동안 미국 최악의 대통령 재임 기간을 거치게 되는 걸까? 그렇게 될지도 모르겠다. 이 책이 출간될 무렵이 되면 다음번 미국 대통령 선거 준비가 슬슬 시작되고 있을 테고, 민주당 쪽에서는 다시 새로운 화살을 당기고 있을 것이다. 오바마 대통령의 당선 때는 행동과학자들이 큰 역할을 했는데, 투표도(그리고 투표에 관해 말하는 것도) 행동변화 디자인 프로세스를 통해 변화시킬 수

특별함과 소속감의 추구 성향 구분표

안정적으로 좋아함	불안정적으로 좋아함
불안정적으로 싫어함	안정적으로 싫어함

있는 행동이라는 점을 인식해야 한다.

정치 이야기는 이 정도로 마치겠다. 행동변화를 추구할 때 기존의 집단만을 대상으로 할 필요는 없다. 또한 특별함과 소속감의 추구도 일반적인 압력으로 인식할 필요가 없다. 행동목표에 기술되는 집단, 욕구, 결과로서의 행동 등은 사람들이 직접적으로 표현하는 요구뿐 아니라 어떤 대상에 대한 사람들의 반응을 기반으로 유추해 정리할 줄도 알아야 한다.

사회심리학자로서 나는 2×2 크로스표two-by-two matrix 방식으로 현상을 분류하는 것을 좋아하는데, 특별함과 소속감의 추구라는 현상도 마찬가지다. 이번에는 안정, 불안정, 좋아함, 싫어함 등 네 가지 항목으로 2×2 크로스표를 만들어보려고 한다. 안정, 불안정, 좋아함, 싫어함 등의 개념은 서로에 대해 구분선이 명확하지는 않지만, 여기서는 구분선이 명확한 개념처럼 활용할 것이다. 그리고 이어지는 논의는 나에 대한 이야기를 중심으로 진행하려고 한다. 처음 출판사에서 출간 제의를 받았을 때 나는 그에 대한 응답으로 턴테이블과

스피커, 조니 캐시의 엘피 음반을 담당 편집자에게 보냈다. 책의 출간이라는, 내게는 무척이나 중요한 일을 함께할 것이라면 내가 어떤 사람인지 일부분이라도 구체적으로 알려주고 싶었기 때문이다. "천둥소리가 나고 번개가 치고 있네, 나는 보잘것없는 사람이지만 잘해내고 있어." 내가 좋아하는 조니 캐시의 노래 가사다.

나는 특별함을 추구하는 유형의 인간이다. 그리고 조니 캐시를 좋아하는 모습은 내가 가진 수많은 모습 가운데 하나다. 나는 조니 캐시를 안정적으로 좋아하는 팬이다. 다른 사람들이 그를 어떻게 평가하든, 그의 인기가 어떻든 흔들림 없이 좋아한다. 그가 오스카상 후보로 올랐다고 해서 전보다 더 좋아하지도 않고, 타코벨Taco Bell 광고 같은 것을 찍었다고 해서 전보다 덜 좋아하지도 않는다. 그를 안정적으로 좋아하는 것이다. (타코벨 광고 이야기가 나와서 말인데, 그가 찍은 광고가 유튜브에 있으니 한번 찾아보라. 그럼 내가 왜 이런 말을 하는지 이해할 것이다. "푼돈으로 이렇게 많은 메뉴를 즐길 수 있는 곳이 또 어디 있겠어요?"라니…, 아!)

조니 캐시를 안정적으로 싫어하는 사람도 있을 것이다. 왜 싫어하는지 이해할 수 없지만, 어쨌든 그런 사람은 이 세상에 존재한다. 그들 나름대로는 조니 캐시를 싫어하는 이유가 있을 것이다. 조니 캐시가 손 하우스Son House나 로버트 존슨Robert Johnson 같은 거장들의 아류일 뿐이라고 생각하면서 싫어하는 것일 수도 있고, 아니면 그냥 포크송을 싫어하는 것일 수도 있다. 아무튼 그들은 조니 캐시를 싫어하는 분명한 이유가 있고, 흔들림 없이 그를 싫어한다. 조니 캐시를 싫어하는 것은 그들의 정체성과 맞물려 있으므로 그의 인기가 아무리 높아진다고 하더라도 생각은 달라지지 않는다.

그런가 하면 조니 캐시를 불안정적으로 좋아하는 사람이 있다. 원래 조니 캐시에게 관심도 없고 그가 자신의 정체성에 닿아 있지도 않지만, 그의 전기영화 〈앙코르Walk the Line〉를 계기로 갑자기 팬이 된 이들이다. 레이 찰스Ray Charles를 좋아했고, 나중에 에디트 피아프 Edith Piaf의 전기영화를 보고 나서는 그녀의 팬이 될 테지만, 일단 지금은 조니 캐시의 팬이다. 이들은 유행을 따라다닌다. 많은 사람이 좋아하는 것을 함께 좋아하고, 다른 사람들한테서 취향을 인정받고 싶은 게 이들의 정체성이다. 조니 캐시의 진짜 팬임을 자처하는 사람은 이와 같은 사람들에 대해 짜증을 낼 수도 있겠지만, 우리 모두는 어떤 영역에서는 무언가의 불안정한 팬이다. 그리고 소속감을 추구하는 것은 중요한 의미가 있는 일이기도 하다.

그다음으로는 조니 캐시를 불안정적으로 싫어하는 사람이 있다(어떤 면에서 보자면 이들 또한 유행을 따르는 사람이다). 사실 이들은 조니 캐시에게 조금의 관심도 없다. 그러다가 〈앙코르〉를 계기로 그를 싫어하기로 마음먹었다. 영화 내용은 할리우드가 만들어낸 가짜고, 조니 캐시는 장사꾼일 뿐이니 그를 비난하는 게 옳다는 것이다. 하지만 그는 이미 세상을 떠났는데 어떻게 장사꾼이 될 수 있단 말인가. 그래도 상관없다. 조니 캐시를 불안정적으로 좋아하는 사람과 마찬가지로 이들도 집단에 동조해 그를 미워하는 것이니까. 이들은 미움의 새로운 대상이 나타날 때까지 조니 캐시를 미워할 것이다. 그런데 이와 같은 미움은 의외의 창조 활동으로 이어지기도 한다. 펑크를 거부하던 사람들이 개러지 음악을 만들고, 록을 거부하던 사람들이 펑크를 만들고, 가스펠을 거부하던 사람들이 록을 만들었다는 점을 생각해보라. 이와 같은 변신과 새로운 장르의 출현이 불안정적으로 무언가를 싫어하는 사람들의 정체성일지도 모른다.

우리 모두는 이 네 가지 유형의 모습이 다 있다. 대상이 무엇이냐에 따라 특정한 유형의 모습이 나타날 뿐이다. 우리가 이처럼 다양한 정체성의 신호를 나타내는 이유는 그것이 다양한 욕구 사이에서 균형을 잡기에 유리하기 때문이다. 즉, 환경에 적응하게 해주는 유연성을 지니면서도 변화하는 세상에서 중심을 잡아주는 정체성도 유지하는 방식이다. 내 경우는 조니 캐시를 안정적으로 좋아하는 사람이고, 외부에서 어떤 변화가 발생하더라도 그의 음악을 좋아하고, 그것이 내 정체성에 닿아 있다. 그런데 나는 소설 작가에 대해서는 불안정적으로 좋아하는 모습이 있다. 요즘은 리처드 캐드리Richard Kadrey의 책에 매료돼 있는데, 솔직히 말하면 1년쯤 지난 뒤에 그는 내 기억에서 사라질 것이다. 아무리 재미있게 읽었던 소설이라 하더라도 작가 이름을 1년 이상 기억한 적이 거의 없기 때문이다.

그렇다면 특정 대상에 대한 안정, 불안정, 좋아함, 싫어함 등을 어떻게 파악할 수 있을까? 어떤 상황에 작용하는 압력을 파악하고 효과적인 개입을 설계하려면 우리가 목표로 정한 집단의 사람들이 누구인지를 먼저 파악해야 한다. 다행히도 사람들은 자신의 정체성을 드러내는 데 많은 시간과 노력, 돈을 쓰기 때문에 관찰을 통해 쉽게 알 수 있다.

좋아함과 싫어함에 대해서는 따로 논의하지 않을 것이다. 둘의 차이는 분명하게 구분되고, 사람들도 자신이 무엇을 좋아하고 싫어하는지 다양한 경로로 표출하기 때문이다. 구분하기 어려운 것은 안정과 불안정이다. 정체성에 대한 가장 흔한 인식 하나를 들자면 정체성은 영속성을 지닌다는 것이다. 하지만 전혀 그렇지 않다. 당신의 첫번째 사랑을 떠올려보라. 당신의 정체성이 그 첫사랑을 만들어냈을 테지만, 그건 영원하지 않았을 것이다. 첫사랑에 작용하는 여러 압력이 이 사랑은 진심이며 영원히 지속될 거라고 믿게 하고, 첫사랑이 진행 중인 사람에게도 물어보면 사랑은 변함없을 거라고 말하겠지만 말이다.

나는 조니 캐시를 흔들림 없이 좋아하는 사람이지만, 그의 노래 가운데 가장 좋아하는 곡이 무엇이냐고 물어보면 쉽게 대답하기 어렵다. 우선은 그의 마지막 앨범에 수록된 〈허트Hurt〉를 들 수 있다. 이 노래는 원래 나인 인치 네일스Nine Inch Nails의 트렌트 레즈너Trent Reznor가 1994년에 발표했던 곡인데, 조니 캐시가 2002년에 리메이크했다. 다른 사람이 만든 노래였음에도 그는 노래의 의미를 절절하게 살려 서정적으로 잘 불렀다. 〈허트〉는 뮤직비디오로도 제작되었는데, 아내인 준June이 캐시를 조금 떨어진 곳에서 애틋하게 바라보는 장면이 나온다. 슬픈 장면이다. 두 사람 다 자신에게 남은 생이 얼마 되지 않는다는 사실을 알고 있던 상황에서 찍은 장면이라 그럴 것이다. 병마와 싸우고 있던 캐시에게 칼이자 방패가 되었던 존재가 아내 준인데, 뮤직비디오를 찍을 무렵에 준이 캐시보다 먼저 세상을 떠날 거라는 판정을 받았다. 내가 세상을 떠나면 누가 저 남자를 돌봐주지? 준의 표정을 보면 이렇게 말하고 있는 듯하다. 준과 캐시는 〈허트〉가 발표된 이듬해인 2003년에 3개월 남짓한 차이를 두고 같이 세상을 떠났다.

그런가 하면 〈위 윌 밋 어게인We'll Meet Again〉이라는 노래도 있다. 조니 캐시의 마지막 앨범에서 마지막 트랙 곡이다. 처음에는 캐시 혼자 노래를 시작하지만, 중간부터 그의 가족과 함께 부른다. 노래 중간에 자녀들이 "굿바이"라고 말하는 게 들린다. 앞에서도 언급했지만, 마지막 앨범이 녹음되던 무렵에는 조니 캐시 부부 둘 다 자신에게 남은 생이 얼마 되지 않는다는 것을 이미 알고 있던 때였다. 이 노래를 들으면 내 눈에도 금세 눈물이 맺힌다. 할아버지와 할머니 생각이 나기 때문이다. 할아버지가 돌아가시기 얼마 전 두 분은 온 가족이 있는 자리에서 함께 노래를 부르셨는데, 그때의 할아버지 목소리가 아직도 생생하게 기억이 난다.

지금 이 글에서 내 감정이 느껴지는가? 내가 하고 싶은 이야기가 많다는 것도 알아보겠는가? 어떤 대상의 행동이나 경험, 상황 등에 깊이 공감할 때 그 대상을 안정적으로 좋아하게 된다. 안정적으로 싫어하게 되는 것도 마찬가지다. 나는 신크러스트 피자를 안정적으로 싫어하는데, 사실 지면만 충분하다면 그에 관한 이야기도 길게 쓸 수 있다(믿어주기 바란다). 어떤 대상을 안정적으로 좋아하거나 싫어한다면 그 대상을 주제로 대본 없이 TED 강연을 진행할 수도 있고, 다른 사람들과 맥주 한잔 마시면서 몇 시간이고 대화를 나눌 수도 있다.

하지만 불안정적인 선호도는 다르다. 불안정적으로 좋아하거나 싫어하는 대상에 관해서는 할 이야기가 별로 없다. 다른 사람들이 좋아하거나 싫어하기 때문에 나도 따라서 좋아하거나 싫어하는 것이고, 따라서 짧은 맹세 정도만을 할 수 있을 뿐이다("나도 당신과 똑같은 생각입니다!"). 불안정적으로 좋아하거나 싫어하는 대상과는 공감하는 것도 거의 없다. 나는 소설가 리처드 캐드리를 좋아하지만, 그건 그의 소설이 재미있기 때문이다. 그게 전부다. 그 외에는 그에 대해 알고 있는 것도 별로 없고, 공감하는 것도 거의 없다. 내가 만약 리처드 캐드리에 대한 TED 강연을 한다면 그 내용이 너무 얕아서 그를 안정적으로 좋아하는 사람들이 듣는다면 실소만 나올 것이다.

개인적 신호와 사회적 신호를 관찰하는 것도 선호도를 구분하는데 좋은 방법이다. 사람이 어떤 행동을 할 때 그 대상은 자기 자신이기도 하고, 동시에 다른 사람들이기도 하다. 거의 모든 행동이 그렇다. 하지만 그 대상의 중심은 자기 자신이든, 다른 사람들이든 어느 한쪽으로 치우치는 게 일반적이다. 누군가 조니 캐시의 음악을 헤드

폰으로 듣는다면 그는 캐시를 안정적으로 좋아하는 사람일 가능성이 크다. 반면에 다른 사람들도 들을 수 있는 공개적인 공간에서 크게 틀어놓고 듣는다면 그는 캐시를 불안정적으로 좋아하는 사람일 가능성이 크다.

정체성이라고 하면 어떤 집단에 대한 동조나 사회적 표출을 떠올리는 사람이 많다. 그러나 개인의 정체성을 드러내는 행동은 대부분 아무 목격자도 없는 공간에서 이루어진다. 즉 자기 자신을 의식하는 행동에서 그 사람의 정체성이 분명하게 드러나는 것이다. 어떤 사람의 안정적인 선호도 또는 특별성을 알고 싶다면 그가 혼자 있을 때 무엇을 하는지 확인해보라. 다른 사람들 앞에서 하는 행동과 혼자 있을 때 하는 행동의 차이에 대한 정성적 분석, 그리고 혼자 있을 때 하는 행동에 대한 정량적 분석 등으로 그 사람의 선호도를 파악할 수 있다.

물론 공개적인 공간에서의 행동 차이를 통해서도 선호도를 파악할 수 있다. 안정적인 선호도를 가진 사람은 자신의 선호도에 관해 다른 사람들에게 따로 말하지 않는다. 반면에 불안정적인 선호도를 가진 사람은 자신의 선호도에 관해 다른 사람들에게 말한다(이런 차이를 기억한다면 많은 도움이 될 것이다). 안정적인 선호도를 가진 사람은 자기 자신을 중심에 두고, 불안정적인 선호도를 가진 사람은 다른 사람들을 중심에 둔다. 그래서 안정적인 선호도를 가진 사람은 자기가 좋아하는 가수나 브랜드에 대해 생각하고 평가할 뿐이다.

반면에 불안정적인 선호도를 가진 사람은 자기 생각을 다른 사람들에게 이야기한다. 그리고 자신의 선호도를 남들이 봐주기를 바란다. 이들은 자신의 의견 표출에 대한 다른 사람들의 피드백을 원하며, 자신과 의견을 같이하는 사람이 더 많아지기를 바란다. 그래서 목소리를 크게 내고, 동호인들의 상징물을 중요하게 여긴다. 내 경우는 지난 한 달 사이에 많은 사람에게 리처드 캐드리의 이야기를 했지만, 조니 캐시에 관해서는 거의 이야기하지 않았다(내 담당 편집자에게만 이야기했는데, 아직 그녀는 조니 캐시의 음악을 잘 받아들이지 못하는 듯하다. 나는 그녀가 진가를 알게 될 때까지 계속해서 그의 음악을 소개할 생각이다).

겉으로 드러나는 행동을 관찰함으로써 어떤 사람의 선호도를 파악하는 방법은 그 밖에도 많다. 그리고 여기서 파악한 선호도로 그가 특별함을 추구하는 사람인지, 아니면 소속감을 추구하는 사람인지를 판단하고 그것을 기반으로 행동변화를 추구할 수 있다.

2×2 크로스표로 구분되는 이 네 가지 유형의 집단에 대해 각각 행동목표를 만든다면 우리가 기대하는 결과로서의 행동도 모두 다르게 나타나게 된다. 작용하는 압력도 다르고, 개입도 서로 달라진다. 사실 모든 집단에 똑같은 행동을 기대할 수는 없기 때문에(기대한다고 해서 모두 똑같은 행동을 끌어낼 수도 없지만) 각 집단의 성향에 맞는 행동을 자연스럽게 끌어내는 데 초점을 맞출 필요가 있다. 각각의 집단에 대해 자기 자신에게 다음과 같은 질문을 해보라. "내가 그들

에게 바라는 것은 무엇인가?" "그들이 내게 바라는 것은 무엇인가?" 그리고 행동변화 디자인 프로세스를 진행할 때 항상 이 질문을 염두에 두라.

마이크로소프트는 안정적인 팬을 보유한다. 그렇다면 마이크로소프트가 안정적인 팬에게 바라는 점은 무엇일까? 바로 자사의 제품을 계속해서 구입해주는 것이다. 그런데 마이크로소프트의 제품을 계속해서 구입하는 사람들 모두가 안정적인 팬은 아니다. 마이크로소프트의 안정적인 팬은 어떤 점에서 다른 것일까? 그것은 마이크로소프트 제품의 경험에 대한 깊이 있는 지식과 견해를 가졌다는 점이다. 시장에서 대대적인 행동변화를 이끌어내고자 하는 기업에 안정적인 팬만큼 의지가 되는 존재도 없을 것이다. 이들은 가능성을 판단하고 압력을 파악할 때 기업이 좀처럼 보지 못하는 부분에 대해서까지 정보를 제공하고, 개입에 대한 파일럿 프로그램의 대상이 되어준다.

마이크로소프트가 인사이더 프로그램Insider Program을 운용하는 것도 이 때문이다. 예를 들어 윈도우 인사이더들은 윈도우 제품을 개발하는 데 깊숙이 관여하는데, 이들은 윈도우 프리릴리즈prerelease 버전을 미리 사용해보고 개발팀에 제품에 대한 피드백을 직접 해준다. 지금까지 윈도우 인사이더 프로그램에 참여한 사람의 숫자는 1600만 명이 넘으며, 이들이 마이크로소프트 측에 제공한 정보의 양은 헤아릴 수도 없을 정도로 방대하다. 기업 입장에서 베타 버전을 미리 사용해보고 의견을 주는 사용자는 무척이나 값진 존재인데, 마이크로소프트는 윈도우 개발 하나에 대해서만 1600만 명의 베타 사용자에게 피드백을 받았다. 그것도 사실상 공짜로 말이다.

게다가 안정적인 팬은 이런 활동에 참여하는 것 자체를 좋아한다. 자신이 진심으로 좋아하는 제품을 개발하는 사람들과 직접 소통하고, 자기 지식을 활용해 제품 개발 과정에 직접 이바지하는 것만큼 진정한 즐거움을 주는 일이 얼마나 될까 싶다. 불안정적인 팬은 이렇게까지 하지 못한다. 조니 캐시의 불안정적인 팬은 그와 함께 사진을 찍고, 그 사진을 소셜미디어에 포스팅하고 자랑하는 것 정도를 바랄 뿐이다. 이들에게 초점은 조니 캐시가 아니라 주위 사람들이다.

어떤 대상을 안정적으로 싫어하는 사람도 그 대상에 대한 가능성의 판단과 압력의 파악에서 높은 수준의 통찰을 제공할 수 있다. 부정적이기는 하지만, 이들 또한 그 대상에 대해 깊이 있는 지식과 견해를 가졌기 때문이다. 앞에서도 언급했듯이 우리는 행동변화를 추진할 때 촉진압력에 초점을 맞추는 경향을 보인다. 따라서 제품에 대해 긍정적으로 관여하는 사람들하고만 소통하려고 한다. 하지만 우리 기대와 다르게 반응하는 사람의 행동도 이해할 필요가 있다. 행동변화에서 중요한 억제압력을 파악하는 데는 제품을 안정적으로 싫어하는 사람의 의견도 꼭 있어야 한다.

게다가 그 제품을 안정적으로 싫어하는 사람도 제품의 개발 과정에 직접 관여하고 싶어 한다. 제품을 싫어한다고 해서 그들을 미워하는 건 스스로 눈을 가리는 것과 마찬가지다. 그들도 제품에 대해 분명한 정체성을 가진 사람이라는 점을 기억하라. 나는 고집 센 보수주의자를 안정적으로 싫어하지만, 그들과 대화하고 의견을 나누는 데 소중한 자원인 시간을 사용할 용의가 있다. 어디에서 그리고 어떤 이유로 서로 다른지 알고 싶기 때문이다. 물론 대화 때문에 오히려 그들을 싫어하는 마음과 견해가 더욱 굳어질 수도 있지만, 상대방의 견해를 안다는 것 자체로 매우 의미 있는 시도가 될 수 있다.

어떤 대상을 불안정적으로 좋아하는 사람은 그 대상을 중심으로 집단을 이루려는 성향을 보이며, 제품의 팬층을 늘리는 데는 안정적으로 좋아하는 사람들보다 오히려 더 낫다. 이들은 그 대상에 대한 다른 사람들의 생각을 알고 싶어 하고, 그렇기 때문에 그에 대한 긍정적인 정보나 장점을 널리 확산시키고 싶어 한다. 이들의 관심은 그리 깊이 있는 게 아니며, 언제든지 바뀔 수 있다. 하지만 그렇다고 해서 자신들의 선호도가 단기적이라고 생각하지는 않는다. 소속감에 대한 욕구를 충족시키는 한 그 대상에 대한 이들의 관심은 진심이다.

다만 불안정적인 선호도를 가진 사람이라면 그 선호도가 언제든지 사라질 수 있다는 점을 기억해야 한다. 이들의 선호도를 만들어내는 것은 소속감이고, 따라서 이들은 자기 무리의 반응에 민감하다. 어떤 대상을 함께 좋아하던 사람들이 그 대상에 대한 선호도를 내려놓으면 이들도 자기 무리를 따른다. 이런 불안정성은 사회 전체의 균형을 잡는 효과를 만들어내지만, 자신이 무언가의 불안정적인 팬이라면 다른 사람들의 분위기가 어떻게 바뀌는지에 신경을 써야 한다. 함께 펑크 음악을 좋아하던 사람들이 개러지 음악으로 넘어갔는데 나만 그러한 흐름에 뒤처진다면 나는 팔 수도 없는 펑크 음악 제품만 잔뜩 갖고서 골머리를 앓을 수도 있다.

그렇다면 어떤 대상을 불안정적으로 싫어하는 사람은 어떨까? 이들이 개입에 응할 가능성은 매우 낮지만, 그렇다고 해서 이들을 없는 존재로 취급해서는 안 된다. 이들은 제품에 대한 비판이나 적대감을 계속해서 확산시킬 수 있는 사람들이기 때문이다. 앞에서 언급했던 개념이기도 한데, 이들은 제품 구입에 대한 촉진압력을 낮추고 억제압력을 높일 수 있다.

어떤 대상을 불안정적으로 좋아하는 사람의 지배적인 촉진압력이 자신과 선호도를 공유할 수 있는 집단의 존재라면, 이 사람들의 목소리를 잠재우는 가장 효과적인 방법은 우리 사회의 절대 다수가 그들의 선호도를 수용하지 않는다는 사실을 알려주는 것이다. 그와 관련해 지난 2015년에 마이크 멜가드Mike Melgaard가 개설했던 대형 소매점 타깃Target의 가짜 페이스북 해프닝은 꽤 흥미로운 이야기를 만들어냈다. 그 해프닝 직전에 타깃은 장난감을 더는 아이 성별에 따라 분류하지 않겠다는 정책을 발표했고, 이 정책은 대다수 사람에게 환영받았다. 하지만 자신들이 전통적인 성 역할과 성 규범을 중시한다는 점을 세상 사람들이 알아주기를 바라던 몇몇 사람은 타깃의 새로운 정책에 반대 의견을 표명했다. 그러자 이들에게 소속감을 느낀 사람이 속속 나타나기 시작했다.

이 시점에서 마이크 멜가드가 타깃의 가짜 페이스북 페이지를 만든 것이다. 그러자 타깃의 새로운 정책에 반대한다는 사람들이 멜가드의 페이스북 페이지에 접속해 반대 의견을 표출했다. 이 반대론자들은 멜가드를 타깃의 고객 서비스 담당 직원으로 생각했다. 멜가드는 이들의 반대 의견에 정중한 태도로 답하지 않고 조롱조로 대응했고, 그에 대한 소문은 금세 온라인으로 퍼져나갔다. 이제 멜가드가 만든 가짜 타깃 페이스북 페이지에는 일반 네티즌도 몰려들었고, 그들은 멜가드의 코멘트에 수백 개의 '좋아요'를 눌렀다. 반면에 타깃의 새로운 정책에 대한 반대론자들은 '좋아요'를 열 개도 받지 못했다.

예를 들어 브론슨 스미스라는 사람은 멜가드의 페이스북 페이지에 이런 글을 남겼다. "고객이 자신의 성별에 맞는 상품을 찾기 위해 시간을 낭비하겠네요? 여자들의 상품이 있어야 할 곳에 남자들의 상품을 놓는 게 맞는 일입니까? 이제 타깃에서는 화장실도 남녀 공용으로 만들겠네요. …차라리 잘됐습니다. 이제 내가 타깃에서 물건을 살 일은 없겠어요!"

그러자 이 글에 멜가드는 다음과 같이 대답했다. "우리 타깃도 잘됐다고 생각합니다. 브론슨 씨가 타깃에서 물건을 살 일이 없다니 말입니다."

진짜 타깃의 고객 서비스 담당 직원이라면 이렇게 응답할 수 있었을까? 아마 그러지 못했을 것이다. 하지만 타깃 입장에서 보더라도 결과는 좋게 나타났다. 타깃의 새로운 정책에 반대 의견을 내는 사람들의 목소리가 사라진 것이다. 물론 이 반대론자들이 타깃에서 쇼핑을 다시 시작했다는 증거는 없지만, 타깃에는 반대론자들이 반대 목소리를 내지 않게 된 것만으로도 좋은 결과라 할 수 있다. 그리고 타깃의 새로운 정책에 찬성 목소리를 내던 사람들에게 긍정적인 반응을 얻게 된 것은 훌륭한 보너스였다. 행동목표를 수립할 때 대상 집단을 세분화해야 하는 이유도 여기에 있다. 똑같은 개입에 대해 모든 사람이 똑같은 행동을 하리라고 기대할 수는 없다. 그리고 대중의 다수가 정책에 찬성할 때는 불안정적으로 반대하는 사람의 목소리를 손쉽게 억제할 수 있다. 불안정적으로 무언가를 싫어하는 사람은 소속감을 추구하고, 자신의 의견이 집단에서 인정받기를 바라며, 지는 편에 서는 걸 바라지 않을 것이기 때문이다(일부러 지는 편에 서는 사람도 있기는 하지만, 그들은 무언가를 안정적으로 싫어하는 사람으로 불안정적인 선호도를 가진 사람과는 완전히 다른 부류다).

사람들의 행동변화를 추구할 때 특별함 또는 소속감을 추구하는 사람의 성향을 활용하면 더 큰 효과를 끌어낼 수 있다. 우선 이번 장에서 소개한 2×2 크로스표를 활용해 대상 집단을 세분화함으로써 행동변화 디자인 프로세스의 사각지대를 최소화할 수 있다. 가능성을 파악하는 단계부터 대상 집단을 넷으로 나누고, 각각의 집단에 대해 별도의 행동목표를 수립하는 식으로 방치되거나 놓치는 부분을 줄일 수 있는 것이다.

그런 다음 각각의 행동목표에서 압력을 파악하고 개입을 설계할 때 사람들의 성향을 고려해 프로세스를 진행한다. 이때 사람들이 겉으로 드러내고자 하는 전형적인 모습이 아니라 그들의 실제 역할에 집중해야 한다. 그것을 통해 나타나는 사람들의 행동을 생각해보는 것이다. 각 성향의 사람들은 어떤 식으로 반응할까? 그와 같은 사람들의 반응에서 무엇을 알아내고, 어떻게 그들의 행동을 바꿀 수 있을까?

12장

억제압력에
주목하라

/////////////////////////////////////

이번 장을 시작하기에 앞서 내게
도 편향성이 있음을 고백해야겠다. 나는 억제압력의 활용을 더 좋아
한다. 지금까지는 논의를 이끌어오면서 촉진압력과 억제압력 사이에
서 중립을 지키려고 애썼지만, 이 장에서는 억제압력에 대한 편애를
숨기지 않으려고 한다.

이 같은 성향은 내 정체성과 관련 있다. 거대 조직의 높은 자리에
앉아 있는 사람들은 일방적으로 촉진압력에만 관심을 보이는데, 나
는 그런 사람을 좋아하지 않는다(앞에서 촌사람이라는 정체성을 지닌 나
와 대척점에 있는 외집단의 사람으로 권위적인 고위층 사람을 꼽았는데, 혹시
기억나는가?). 게다가 나는 억제압력에 변화를 주는 방식이 더 윤리적
이라고 생각한다. 촉진압력을 높이는 방식이 욕구가 없던 사람에게
까지 행동변화를 이끌어낸다면, 억제압력을 낮추는 방식은 이미 욕
구가 있는 사람에게만 행동변화를 이끌어낸다. 그뿐 아니라 억제압

력은 일반적으로 몇 가지 특성이 있는데, 이러한 특성 때문에 행동변화를 이끌어내는 데 특별히 더 효과적일 수 있다.

여기서 내가 '일반적으로'라는 문구를 사용한 이유는 두 가지다. 첫째, 행동변화를 이끌어내는 데 억제압력이 촉진압력보다 항상 더 효과적인 것은 아니다. 둘째, 모든 억제압력이 똑같은 특성을 가진 것은 아니다. 만약 억제압력이 촉진압력보다 항상 더 효과적이라면 우리는 행동변화 디자인 프로세스를 진행할 때 두 가지 압력 모두를 고려하지 않아도 되고, 이 책의 분량도 아주 짧아졌을 것이다. 내가 이번 장의 논의를 진행하는 이유는 촉진압력의 활용을 포기하라는 뜻이 아니라 억제압력의 추가적인 효과를 발견하기를 바라서다.

1부에서도 언급했던 내용이지만, 사람들의 행동을 이끌어내기 위한 방법을 찾을 때 우리는 거의 본능적으로 촉진압력에 관심을 집중한다. 이는 억제압력이 대부분 방치되고 무시된다는 뜻이다. 따라서 억제압력은 그동안 방치되던 새로운 개입을 찾아내는 실마리로 작용할 수 있다.

게다가 단순히 새롭기만 한 개입이 아니라 매우 효과적인데도 그동안 방치되고 있던 개입을 뜻한다. 모두가 촉진압력 위주로 행동변화를 추구하기 때문에 이 영역에서는 비슷한 개입이 많이 진행되고, 그만큼 효과성은 떨어진다. 광고를 생각해보라. 당신의 제품이 경쟁이 없는 유일한 제품이라면 광고 효과는 아주 커질 수 있다. 하지만 비슷한 제품이 많은 상황이라면 좀 더 기발하고 특별한 광고를 만들기 위해 더 많은 돈을 지불하고도 그 효과성은 장담하지 못한다.

이런 의미에서 경쟁이 치열하지 않은 억제압력 기반의 개입에서는 적은 비용으로 더 큰 효과를 기대할 수 있다. 우버의 경우를 생각해보자. 우버가 촉진압력을 높이기 위해 다른 경쟁자들의 것보다 더 멋지게 구동되는 앱을 만들려고 했다면, 몇백 명의 개발자와 디자이너를 고용해 일을 맡기고도 운이 좋아야 효과를 보았을 것이다. 하지만 우버는 다른 경쟁자들이 거의 신경 쓰지 않았던 번거로운 지불 경험이라는 억제압력을 낮춤으로써 적은 비용으로 큰 효과를 거둘 수 있었다. 전자결제는 이미 기술적으로 어려운 일이 아니었음에도 택시회사들은 별다른 관심을 보이지 않았고, 그러는 사이에 우버는 전자결제 시스템을 도입해 우버 이용자에게 깊은 인상을 남겼다. 인지적 주의에 관해 이야기하면서 언급했지만, 사람들의 기억에 깊은 인상을 남긴다는 것은 개입을 실행하는 처지에서는 매우 유리한 상황이라는 뜻이다.

억제압력을 낮추는 방식이 유리한 이유는 좀 더 일반적인 범위에서 작용하기 때문이다. 엠앤엠스의 예를 생각해보자. 촉진압력과 관련해 사람들이 엠앤엠스를 먹는 이유는 다양하다. 낮은 혈당 수치 때문에 먹는 사람도 있고, 자꾸 짜증이 나서 이를 풀려고 먹는 사람도 있고, 식사 후에 달콤한 게 생각나서 먹는 사람도 있다. 반면에 엠앤엠스의 억제압력인 비용과 접근성, 편리성 등은 훨씬 더 범용적으로 많은 사람에게 작용한다. 따라서 억제압력을 낮춤으로써 얻을 수 있는 긍정적인 효과 또한 훨씬 더 넓은 범위에서 발생한다.

그런가 하면 억제압력은 촉진압력과 달리 시대가 변해도 그 효과성이 별로 변하지 않는다는 특성이 있다. 촉진압력과 관련해 사람들이 엠앤엠스를 먹는 이유는 즐거움을 주기 때문이고, 엠앤엠스에 어울리는 장소도 오락과 관련된 곳이다(엠앤엠스는 야구장에는 잘 어울리지만, 로맨틱한 저녁 식사 자리에는 어울리지 않는다). 하지만 이와 같은 장소의 적절성은 시대의 흐름에 따라 변하며, 기업은 대상 집단과 그 집단의 정체성이 변화함에 따라 촉진압력의 효과를 살리기 위해 계속해서 새로운 콘텐츠를 만들어 사람들에게 제시해야 한다. 간식의 가장 큰 촉진압력은 맛과 향인데, 그마저도 시대의 흐름에 따라 조금씩 변화를 주어야 할 정도다.

하지만 억제압력은 촉진압력과 비교했을 때 변화 속도가 매우 느리다. 비용은 엠앤엠스가 처음 나왔을 때도 주요한 억제압력이었고, 지금도 그렇고 앞으로도 그럴 것이다. 물론 '비싸다'는 기준은 예전에 비해 많이 완화되긴 했지만, 그 기준선의 변화는 아주 느리게 진행된다.

억제압력은 예측 가능성이 매우 높다는 특성도 있다. 촉진압력은 다양한 변수의 영향을 받기에 대상 집단이나 상황에 따라 그 효과성이 크게 달라질 수 있다. 따라서 촉진압력을 기반으로 하는 개입은 예측 가능성이 크게 떨어진다. 엠앤엠스가 마흔두 번째 맛을 개발한다면 그 맛에 대한 사람들의 반응은 어떨까? 그리고 그 새로운 맛에 대한 사람들의 반응을 정량적으로 측정하려면 어떤 수단을 써야 할까? 그것을 정량적으로 측정했다 하더라도 그 반응이 (맛이 정말로 좋아서가 아니라) 사람들의 순간적인 호기심에 따른 것은 아닐까?

반면에 억제압력은 변수들의 영향을 덜 받기 때문에 예측 가능성이 크게 높아진다. 다만 억제압력의 영향을 파악할 때 사람들이 받는 고통의 수준이 선형적으로 가감되는 것은 아니라는 점을 기억해야 한다(1센트를 잃었을 때의 고통이 1달러를 잃었을 때의 고통의 100분의 1이 아니라는 뜻이다). 이처럼 정량적으로 측정하기 어려운 고통의 크기도 어느 정도 정확하게 파악하는 방법은 있다. 1센트를 잃었을 때의 고통이 1이라고 하면 100센트, 즉 1달러를 잃었을 때의 고통은 90과 110 사이에 자리 잡을 것이라고 상당히 정확하게 추정할 수 있다. 1달러를 잃었을 때의 고통이 2나 200만은 아닐 것이다. 이러한 정확성이나 예측 가능성은 개입 설계의 가능성 자체를 결정할 정도로 중요한 의미가 있다.

그리고 억제압력의 가장 중요한 특성이 하나 더 남아 있는데, 노벨상 수상자인 대니얼 카너먼 교수의 심리학 이론과 맥락을 같이한다. 이는 같은 크기의 손실이 만들어내는 고통의 크기는 같은 크기의 이득이 만들어내는 행복의 크기보다 더 크다는 이론이다(노벨상을 함께 받지는 못했지만 아모스 트버스키Amos Tversky 교수는 대니얼 카너먼 교수의 파트너로 많은 연구를 함께 진행했고, 이 연구도 마찬가지였다). 이 이론을 확장하면 같은 크기의 촉진압력을 높이는 것보다 같은 크기의 억제압력을 낮추는 편이 효과가 더 크다.

예를 들어 어떤 이벤트에서 공짜로 얻은 티셔츠가 옷장에 한 벌 있다고 가정해보자. 공짜로 얻어서 집으로 가져오기는 했지만, 그 티셔츠를 입을 일은 절대로 없다. 만약 똑같은 티셔츠를 어디에서 1센트에 팔고 있었더라도 그 적은 돈조차 아까워 절대로 사지 않았을 것이다. 그런 티셔츠지만 집으로 가져온 이유는 바로 1센트의 차이 때문이다. 1센트라는 푼돈이 행동변화를 만들어낸 것이다. 1센트는 누구에게도 아무런 차이를 만들어내지 않을 액수의 돈이다. 그러나 그 정도의 억제압력을 없앰으로써(공짜로 줌으로써) 옷장에 그 티셔츠가 들어 있게 되었다. 촉진압력으로 행동변화를 이끌어내려면 커다란 개입이 필요하지만, 억제압력은 아주 작은 개입으로 조그만 차이만 만들어내더라도 행동변화를 이끌어낼 수 있다.

촉진압력을 높이는 일에 사람들의 관심이 쏠려 있고, 억제압력을 낮추는 일은 별로 주목받지 못하는 것이 세상의 현실이다. 그러나 이 장에서 논의한 억제압력의 특성을 고려했을 때 억제압력을 낮추려는 시도를 간과해서는 안 될 것이다.

13장

제로섬 게임의 대상을 찾아라

//////////////////////////////////////

이번 장에서는 행동변화 디자인 프로세스의 고차원적인 활용 가능성에 대해 논의해보려고 한다. 행동변화 디자인 프로세스를 활용하면 서로 경쟁 관계에 있는 행동의 변화로 시너지 효과를 만들어낼 수 있다. 또한 경쟁 관계에 있는 행동의 변화가 그동안 좀처럼 변하지 않던 어떤 행동의 변화로 이어질 수도 있다. 사업이나 제품 개발을 하는 사람은 시장에서 일어나는 여러 행동의 상호 관계를 폭넓게 바라봐야 하는데, 바로 이 장에서 이야기하려는 것이다.

행동변화 디자인 프로세스는 각각의 행동을 다른 행동과 분리해 다룬다. 하지만 효과적인 개입을 이끌어내는 가장 좋은 방법은 대상 집단에서 나타나는 여러 행동의 상호 관계를 전체적인 관점에서 바라보는 것이다. 사실 정도의 차이만 있을 뿐 인간의 모든 행동은 서로에 대해 경쟁적이다.

껌을 씹는 것과 담배 피우는 것을 동시에 할 수는 없다. 거실 소파에 앉아 넷플릭스를 보는 것과 우버를 이용하는 것도 동시에 할 수 없다. 생수 판매 가격을 낮춘다면 사람들은 청량음료를 더 적게 마실 것이다(대부분 청량음료 회사는 생수 회사도 보유하고 있으며, 이들은 생수 판매 가격을 높게 유지한다). 우리가 어떤 압력이나 행동의 변화를 이끌어낸다면 그러한 변화는 반드시 다른 압력과 행동에 어떤 식으로든 영향을 끼친다. 여기서 나비효과에 관해 이야기하려는 것은 아니다(나비효과에 관해 이야기하자면 끝도 없을 것이다). 다만 한 행동은 다른 행동에 영향을 끼칠 수 있으며, 여기에서 우리가 목표로 삼는 행동변화의 기회를 찾을 수도 있다는 점을 알아야 한다.

행동변화를 이끌어내고자 한다면 촉진압력을 높이고 억제압력은 낮춰야 한다. 그리고 한 가지 더, 경쟁 관계에 있는 행동을 억제하는 식으로 우리가 목표로 삼는 행동변화의 가능성을 높일 수 있다. 만약 경쟁 관계에 있는 행동을 완전히 없앨 수 있다면 우리가 목표로 삼는 행동변화를 이끌어낼 가능성은 훨씬 더 커진다.

다만 경쟁 관계에 있는 행동을 없애려는 시도가 업계 전반에 부정적인 영향을 끼치면서 결국은 우리에게도 피해가 올 수 있다는 점에 유의해야 한다. 스타트업 쪽에서 하는 말이 있다. "물이 들어오면 모든 배가 다 뜬다." 업계 전체적으로 좋은 일이 생기면 그 혜택을 업계의 모든 기업이 다 누리게 된다는 뜻으로 사용하는 말인데, 전체 시장이 크게 확대되면 기업은 시장점유율이 떨어지더라도 이익을 내고 성장할 수 있다는 점을 생각하면 쉽게 이해될 것이다. 마찬가지로 경쟁 관계에 있는 행동을 없애려는 시도가 시장의 크기 자체를 줄인다면 기업의 시장점유율이 높아지더라도 결국은 이익과 성장성을 모두 잃을 수도 있다.

우리가 목표로 삼는 행동변화와 경쟁 관계에 있는 행동을 발견한다면 그것을 없애려는 개입을 설계할 수 있다. 그리고 파일럿 프로그램을 통해 그 개입으로 생기는 결과를 가늠해볼 수 있다. 청량음료 소비량을 낮추기 위해 생수 판매가를 낮추는 식의 개입을 설계할 수 있다는 뜻이다.

이론적으로 본다면 우리가 목표로 삼는 행동변화와 경쟁 관계에 있는 행동은 무수히 많고, 그렇다면 행동변화 디자인 프로세스의 실행 가능성도 무한하다는 의미가 된다. 하지만 이처럼 무수한 행동변화 디자인 프로세스로 우리가 얻는 한계효용은 아주 작아진다. 이 책을 쓰지 않았더라면 나는 더 오랜 시간을 잘 수 있었을 테고, 그러면 내가 책을 쓰지 않고 잠을 잠으로써 얻는 이익을 따져볼 만한 가치가 있다. 그러나 내가 책을 쓰지 않고 스카이다이빙을 함으로써 얻는 이익까지 따져볼 만한 가치는 없다. 내가 책을 쓰지 않았을 때 스카이다이빙을 했을 가능성은 지극히 낮기 때문이다. 대안이 되는 행동 또는 경쟁 관계의 행동을 적절한 수준에서 선택해야 한다. 발생 가능성이 꽤 높으면서 경쟁 행동이 일어났을 때 우리가 목표로 삼는 행동이 일어나지 않는 분명한 연관성이 존재해야 한다.

그런데 우리가 목표로 삼는 행동변화를 이끌어내기 위해 언제나 경쟁 행동을 없애야 하는 것은 아니다. 둘 사이의 협력을 추진할 수도 있다. 거실 소파에 앉아 넷플릭스를 보는 행동과 우버를 이용하는 행동을 생각해보라. 아직까지는 누구도 이 두 가지 행동이 경쟁 관계에 있다고 말한 적이 없다. 그런 기사가 나온 적도, 강연에서 언급된 적도 없다. 그 두 행동이 왜 경쟁 관계에 있느냐고 반문하는 사람도 많을 것이다. 그러나 두 행동은 분명히 서로 경쟁 관계에 있다.

우버가 금요일 밤에 우리에게 바라는 것은 무엇일까? 밖으로 나가는 것이다(술자리 약속을 잡고, 술을 마시고, 우버를 이용해 집에 돌아가기를 바랄 것이다). 그런가 하면 넷플릭스가 금요일 밤에 우리에게 바라는 것은 무엇일까? 집에 머무는 것이다. 이 두 행동은 서로 배타적인 것으로, 함께 일어나기 어려운 경쟁 관계에 있다. 하지만 두 행동은 서로에 대한 경쟁자가 아니라 협력자가 될 수도 있다. 행동목표를 통해 외부 조건과 욕구, 압력을 기술하다 보면 어떤 행동이 서로 경쟁 관계에 있고, 어떤 행동이 서로 협력자가 될 가능성이 있는지를 판단할 수 있다.

일단 우버와 넷플릭스는 서로 협력자가 될 가능성을 이미 보인 상태다. 우버는 음식 배달을 시작했고(금요일 밤에 집에 머물러도 우버의 고객이 될 수 있다), 넷플릭스는 모바일 스트리밍 서비스를 시작했다(금요일 밤에 밖으로 나가도 넷플릭스의 고객이 될 수 있다). 우버와 넷플릭스가 원하기만 한다면 둘은 본격적인 협력자가 될 수 있다. 우버 탑

승자에게는 무료로 넷플릭스 스트리밍 서비스를 제공하는 식으로 말이다. 이처럼 경쟁 관계에 있는 행동에 대해 전쟁을 거는 게 아니라 협력의 기회를 모색하는 것은 어떤 분야에서라도 가능하다.

다만 이 정도의 전술은 거대 기업에서나 실행할 수 있다. 소규모 기업은 자신들의 목표를 중심으로 행동변화 디자인 프로세스를 진행하는 데 집중해야 한다. 일부러 경쟁 관계를 찾아 협력을 모색하는 일은 자원의 낭비만 초래할 수 있다. 소규모 기업에 가장 중요한 일은 적은 자원을 투입해 최대의 성과를 끌어내는 것이며, 이를 위해서는 사업의 범위를 넓히기보다 효율성을 추구해야 한다.

14장

본능의 대체재를
찾아라

///

지금까지 어떤 행동을 유발하는 개입에 대해 계속 기술해왔다. 행동을 줄인다는 개념보다는 행동을 이끌어낸다는 개념이 우리에게 더 익숙하고, 또 대부분의 사람이 누군가의 행동을 이끌어내기 위해 일한다. 그런데 어떤 행동을 줄이는 일 또한 유효한 목표가 될 수 있다. 행동을 줄인다고 하면 낭비를 줄이거나 건강에 나쁜 습관을 줄인다는 개념이 먼저 떠오를지도 모르는데, 행동을 줄인다는 목표는 기업의 비즈니스와도 그대로 연결되는 목표가 될 수 있다. 예를 들어 우버의 이용이 늘어나면 자동차 구입은 줄어든다. 또한 아이폰 매출이 늘어나면 전자시계 매출은 줄어든다.

행동을 줄인다는 목표에도 행동변화 디자인 프로세스를 활용할 수 있다. 행동을 유발하기 위해서 촉진압력을 높이고 억제압력은 낮추려고 시도한다면, 행동을 줄이기 위해서는 억제압력을 높이고 촉진압력은 낮추려고 시도한다. 행동을 줄인다고 하면 대부분의 사람은 (규제나 징계로) 억제압력을 높이려는 시도에 집중하는 편향성을 보이는데, 지난 12장에서 논의한 원리와 마찬가지로 행동을 줄이는 데는 촉진압력을 낮추려는 시도가 더 큰 효과로 이어질 수 있다.

행동을 유발하기 위한 시도가 되었든, 아니면 행동을 줄이기 위한 시도가 되었든 행동변화 디자인 프로세스를 계속해서 진행하다 보면 어느 순간부터는 행동목표의 욕구와 외부 조건에 더는 신경 쓰지 않게 된다. 하지만 어떤 행동을 유발하려고 할 때는 어느 시점에서 다시 외부 조건을 들여다봐야 한다. 그래야 시장을 확대할 수 있다(우버는 어느 정도 성장을 이루어낸 시점부터는 현금 결제도 받기 시작했다). 그리고 어떤 행동을 줄이고자 할 때는 어느 시점에서 다시 사람들의 욕구를 들여다봐야 한다.

사람들의 욕구는 그대로 있는데 그와 관련된 행동만 줄이고 욕구를 방치한다면, 이들은 우리가 줄인 행동과 유사한 대체 행동을 다시 시작하게 된다. 그리고 많은 경우 대체 행동은 사라진 원래 행동보다 더 나쁜 양상을 띤다. 영화 〈퀸카로 살아남는 법Mean Girls〉을 보면 주인공 케이디가 상대역인 레지나의 나쁜 행동을 중단시켰지만, 또래 집단에서 자신을 드러내고 싶어 하는 욕구가 그대로였던 레지나는 계속해서 더 그런 행동을 반복했다. 상대방의 나쁜 행동을 완전히 없애려고 한다면 나쁜 행동을 유발하는 욕구를 없애야 한다. 욕구가 살아 있는 상태에서는 원래 행동이 사라지더라도 다른 유사한 대체 행동이 계속해서 만들어진다.

이번에는 흡연율의 감소를 생각해보자. 공중보건 분야의 가장 위대한 승리 하나를 꼽으라면 흡연율의 감소를 꼽고 싶다. 1960년대 중반만 하더라도 미국 성인의 절반가량이 줄담배를 피워댔으나 지금 미국 성인의 흡연율은 15퍼센트 정도로 떨어졌고, 거기서 또 해마다 낮아지는 추세에 있다. 담배는 모든 지역에서 판매되고, 심리적·생리적 중독을 유발하며, 단일 품목 기준으로 가장 많은 마케팅 비용이 지출되는 제품 가운데 하나였다. 하지만 지금은 담배에 대해 작용하는 압력이 달라졌다. 어떻게 달라졌을까?

정부는 흡연율을 낮추기 위해 흡연에 대한 억제압력을 계속해서 높이고 있다. 우선 담뱃갑에 흡연이 건강을 해칠 수 있다는 내용을 담은 혐오스러운 사진을 인쇄해 넣고, 흡연할 수 있는 장소를 꾸준히 없애고, 담배에 붙는 세금을 계속 높이고(미국은 담배 판매가의 절반 이상이 세금이다), 담배 판매에 적용되는 규제도 계속 늘려나가고 있다. 이와 같은 억제압력은 흡연율의 빠른 감소라는 효과로 이어진다.

그런데 흡연율이 이렇게까지 낮아진 것은 억제압력의 증가 때문만이 아니다. 흡연에 대한 촉진압력의 감소 또한 흡연율 감소의 주요 요인이다. 사람들이 담배를 피우기 시작하는 가장 큰 동기는 흡연이 멋있다는 이미지로 연결되기 때문이다. 담배를 피우는 제임스 딘 James Dean의 모습과 광고에 나왔던 말보로 맨의 모습을 떠올려보라. 흡연자들 대부분은 10대 청소년 시절에 처음 담배를 피우기 시작하는데, 청소년들이 담배를 피우기 시작하는 이유는 멋있어 보이기 때문이다(청소년 시절이라면 특별한 자아를 추구하면서도 무리에 속하고 싶은 욕구가 가장 높을 때다).

흡연하는 모습이 사람들에게 메릴린 먼로Marilyn Monroe 같은 관능적인 이미지를 연상시킨다면, 흡연자들이 사망하기 직전에 어떤 모습으로 변하는지를 보여주는 식으로 흡연의 촉진압력을 낮출 수 있다. 병들고 나이 많은 흡연자의 모습에 10대 청소년이 별로 공감하지 못한다면 이번에는 흡연이 젊음의 매력을 얼마나 낮추는지를 보여주면 된다. 내가 가장 좋아하는 금연 캠페인 광고가 있다. 한 남성이 매력적인 외모의 여성에게 데이트 신청을 하려다가 여성이 흡연자라는 사실을 알자 피해 간다는 내용이다. 흡연을 한다면 이성에게 매력적인 대상이 되지 않는다는 점은 10대 청소년에게는(성인에게도 마찬가지겠지만) 아주 민감한 내용이 될 수 있다. 이성에게 매력을 어필한다는 것은 매우 강한 촉진압력이기 때문이다.

담배 회사들은 이와 같은 금연 광고에 대응하지 못한다. 담배 회사의 광고는 거의 모든 장소와 매체에서 금지되어 있기 때문이다. 영화, 잡지, 텔레비전, 지하철역, 라디오 등 어디에서도 담배 광고를 할수 없다. 흡연을 하는 멋진 말보로 맨과 흡연으로 살을 빼는 늘씬한 버지니아슬림 걸이 만들어내는 촉진압력을 정부가 차단한 것이다.

귀여운 만화 캐릭터도 담배 회사가 흡연의 촉진압력을 높이기 위해 활용하던 수단이었다. 캐멀 담배는 미국에서 1988년부터 조 캐멀Joe Camel이라는 귀여운 만화 캐릭터를 활용한 마케팅 캠페인을 진행했는데, 1988년 600만 달러에 머물렀던 미국 10대 흡연자의 캐멀 소비액이 그로부터 4년 뒤에는 4조 7600만 달러로 폭증했다는 보고가 있다. 그런가 하면 비슷한 시기에 〈미국의학협회저널JAMA〉에는 미국의 여섯 살 아동 사이에 형성된 조 캐멀에 대한 친밀도가 미키마우스에 대한 친밀도와 비슷하다는 보고서가 발표되기도 했다.[17] 이와 같은 보고서들을 근거로 미국에서는 조 캐멀 캐릭터를 사용한 담배 광고를 중단시켜 달라는 소송이 제기됐고, 소송이 원고 측에 유리하게 진행되자 담배 회사는 조 캐멀을 활용한 광고 활동을 전면 중단하기로 결정했다. 조 캐멀이 죽어야 사람들이 살 수 있다는 논리의 승리였다.

그런데 이처럼 승리했음에도 문제는 여전히 남아 있다. 담배는 사라졌지만, 10대 집단 사이에서는 멋지게 보이고 싶다는 욕구가 계속 남아 있는 것이다. 그들은 자신을 특별하게 만들면서 소속감도 느끼게 해주는 어떤 의식이 필요하다. 다양한 향과 수많은 부속 액세서리를 즐길 수 있고, 친구들과 나눌 수도 있으며, 어쩌면 좋아하는 이성 앞에서 자신의 매력을 어필할 수 있게 해주는 무언가가 필요한 것이다. 이 빈틈을 파고든 것이 바로 전자담배 줄Juul이고, 세계 최대 담배 회사인 알트리아Altria는 줄에 130억 달러를 투자했다. 담배의 빈자리를 줄이 대신할 가능성이 매우 높기 때문에 이와 같은 거액의 투자를 단행한 것이다.

기존의 행동을 없앨 때는 그것을 대체할 만한 새로운 행동을 제시해야 한다. 흡연율을 낮추겠다는 목표에만 집중한 나머지 우리는 흡연이라는 행동을 없앨 생각만 했지, 흡연이라는 행동을 유발하는 사람들의 욕구에 대해서는 전혀 신경 쓰지 않았다. 그리고 그 결과는 전자담배의 폭발적인 성장을 만들어냈다. 어떤 행동을 줄이려고 할 때 우리가 잊지 말아야 하는 것은 행동을 유발하는 욕구다. 10대의 흡연을 완전히 없애려고 한다면 멋져 보이기를 바라는 10대에게 흡연의 대체 행동을 제시할 수 있어야 하고, 그들에게 대화 상대를 만들어줄 수 있어야 한다(흡연은 또래 집단과 어울리는 주요 매개가 되기도 하고, 거부하면 집단에서 홀로 떨어질 위험이 있기에 사교 활동의 수단으로 흡연을 시작하는 청소년도 많다).

마지막으로 대체 행동의 제시에 대한 사례 하나를 더 소개하고 이번 장을 마치려 한다. 몇 년 전에 나는 아프리카에서 이곳 사람들의 심장병 발병을 낮추기 위해 의사들과 함께 일했다. 아프리카 사람들은 음식을 더 자극적으로 먹으려고(욕구) 다량의 소금을 첨가해 먹기 시작하면서(행동) 심장병 발병이 크게 증가하고 있었다. 우리는 소금 섭취량을 줄이기 위해 여러 개입을 설계했는데, "음식을 담백하게 드세요"라는 말로 하는 설득은 효과가 없을 거라고 판단했다. 그래서 음식에 다량의 소금을 첨가하는 것을 대체할 수 있는 행동을 제시하기로 했다. 음식을 더 맛있게 먹고 싶다는 욕구를 인정하면서 소금 섭취량을 줄일 수 있는 행동, 즉 소금 대신 다른 건강한 향신료들을 음식에 넣도록 아프리카 사람들에게 도움을 주기로 결정한 것이다. 만약 우리가 그저 소금을 넣는 행동을 억제하는 데서 멈췄다면, 아프리카 사람들은 소금 대신 기름이나 설탕을 음식에 잔뜩 첨가해 먹는 선택을 했을지도 모른다.

15장

직관과 어긋나는
사례와 해법

///

/////////////////////////////////////

마지막 장에 이르니 갑자기 록밴드 도어스The Doors의 〈디 엔드The End〉라는 멋진 노래가 생각난다("이제 마지막이야, 내 유일한 친구, 마지막이야." 이런 가사가 나온다). 이제 개입 설계와 관련된 몇 가지 실제 사례를 소개하면서 이 책을 마치려고 한다. 이어지는 부분에서는 꽤 흥미로운 사례들을 선별적으로 다루려고 했다. 초급 행동과학자와 상급 행동과학자의 차이를 만들어내는 것은 바로 경험이다. 그런 만큼 여기에서 경험치 획득의 기회를 얻기 바란다.

///////////// **선한 사마리아인**

어떤 사람이 예루살렘에서 예리고로 가다가 강도들과 마주치게 되었다. 강도들은 그 사람이 가진 것을 모두 빼앗고, 두들겨 패고, 그가 반쯤 죽은 상태가 되자 그 사람을 버려두고 떠났다. 마침 한 사제가 그가 쓰러져 있는 곳을 지나게 되었다. 사제는 그 쓰러진 사람을 봤지만, 그 사람을 피해 지나갔다. 이번에는 레위인이 그곳을 지나게 되었는데, 쓰러진 사람을 보고도 그대로 피해 지나갔다. 이번에는 어떤 사마리아인이 여행길에 그곳을 지나가게 되었다. 쓰러진 사람을 본 사마리아인은 가여운 마음이 들게 되었고, 쓰러진 사람에게 다가가 상처를 감아주고, 기름과 포도주를 부어주었다. 그 사마리아인은 쓰러진 사람을 자신이 데리고 다니는 나귀에 태우고, 여관으로 옮겨주고, 그곳에서 간호를 해주었다.

– 누가복음 10장 30~34절

선한 사마리아인의 비유는 성서에 나오는 가장 유명한 이야기 가운데 하나다. 어떤 사람이 길에서 강도들을 만나 잔뜩 두들겨 맞고 반죽음 상태로 쓰러졌는데, 두 명의 여행자는 쓰러진 사람을 보고도 그대로 지나쳤고 세 번째 여행자가 도와주었다는 이야기다. 이 비유를 들려준 예수는 쓰러진 이에게 진정한 이웃은 세 번째 사람이라고 말하며, 우리에게 그와 같은 사람이 되어야 한다는 가르침을 주었다.

그런데 앞의 두 사람에게 정말로 급한 일이 있었다면 어떻게 되는 걸까?

예수의 가르침은 가던 길을 멈추고 누군가에게 도움을 주는 일이

전적으로 개인의 정체성과 관련된 내적 촉진압력으로 이루어진다는 것을 의미한다. 타인에 대한 동정심과 사랑이 세 번째 사람에게 낯선 이를 도와주도록 이끌었고, 이것이 바로 예수가 자신을 따르고자 하는 사람들에게 바라는 핵심 가치관이다. 그런데 1973년에 존 달리 John Darley와 C. 대니얼 뱃슨 C. Daniel Batson이 진행했던 실험은 도움이 필요한 타인을 도와주는 결정적인 요인은 촉진압력보다 억제압력에 있는 경우가 더 많다는 점을 알려준다.[18]

이 실험은 한 대학의 신학생을 대상으로 진행되었다. 먼저 실험 진행자는 A 건물에서 신학생들에게 그들의 신앙심 수준을 각자 평가해달라고 부탁하고 설문지를 돌렸다. 학생들이 설문지 작성을 다 마치자 이번에는 B 건물로 이동해 두 가지 주제 중 하나를 골라 설교를 해달라고 요청했다. 하나는 성직자로서의 직업에 대해, 다른 하나는 선한 사마리아인에 대해서였다. 그러고는 학생들을 세 그룹으로 나눠 이런 말을 덧붙였다. 첫 번째 그룹에는 설교를 시작할 시간이 넉넉하다고 말했고(시간 여유가 많다), 두 번째 그룹에는 지금 가서 곧바로 설교를 시작하면 된다고 말했으며(시간이 딱 맞다), 세 번째 그룹에는 이미 늦었으니 빨리 B 건물로 가서 설교를 시작해야 한다고 말했다(시간에 늦었다).

그러면서 실험에 한 가지 장치를 해두었다. A 건물에서 B 건물로 가는 길목에 호흡 곤란을 겪는 사람처럼 연기할 연기자를 섭외해놓은 것이다. 그 연기자는 실험에 참여하는 학생이 나타나면 기침을 하

고 거친 숨을 내쉬다가 결국은 바닥에 쓰러지는 모습을 연출하기로
했다. 이번 실험의 진짜 목적은 학생들의 신앙심 수준을 평가하는 게
아니라, 아파 보이는 이웃 앞에서 그들이 어떤 행동을 보이는지를 관
찰하는 것이었다.

만약 아파 보이는 이웃에게 도움을 주는 학생이 나온다면 그와 같
은 행동을 유발했을 거라고 추정되는 첫 번째 요인은 신앙인이라는
학생들의 정체성이 만들어내는 촉진압력이다. 즉 예수의 길을 따라
야 한다는 사명감 또는 깊은 신앙심이 타인을 돕도록 이끄는 것이다.
그런데 실험 결과는 그렇지 않았다. 개인의 정체성과 관련된 내적 촉
진압력이 선한 행동을 이끌어내는 것이라는 일반적인 믿음과 달리
아파 보이는 이웃을 돕는 행동과 학생들의 신앙심에 대한 평가 사이
에는 아무런 상관관계도 없었다. 따라서 개인의 정체성이 만들어내
는 내적 촉진압력이라는 요인은 선한 행동의 유발에 그리 강한 영향
력을 끼치지 못했다는 결론을 내릴 수 있다.

그렇다면 두 번째 가능한 요인이 있다. 학생들이 선택한 설교 주제
가 일으키는 촉진압력이 그것이다. 일반적으로 선한 사마리아인을
주제로 선택한 학생이 성직자로서의 직업을 선택한 학생보다 아파
보이는 이웃에게 도움을 줄 가능성이 더 크다고 예상할 수 있다. 예
수가 직접 가르친 선한 사마리아인의 비유는 길에서 마주친 아파 보
이는 이웃을 도와야 하는 가장 분명한 이유가 된다. 학생들이 선택한
설교 주제가 강력한 촉진압력으로 작용할 수 있는 것이다. 즉 개인의

신념이 만들어내는 정체성은 교정을 걸을 때도 어떤 행동을 우선시해야 하는지를 판단하는 기준이 되리라고 예상할 수 있다.

인지부조화(행동이나 상황에 맞도록 자신의 믿음을 변화시키려는 경향)가 일어나지 않으려면 학생들은 예수의 가르침을 믿어야 하고, 그러한 가르침에 맞는 행동을 해야 한다. 사람의 신념과 행동이 같은 방향성을 가지려면 신념이 강해야 하고, 신념에 맞는 가르침을 받아들여야 하며, 행동을 판단할 때 신념이 기준이 되어야 한다.

그런데 학생들이 선택한 설교 주제는 그들의 행동과 아무런 상관관계도 나타내지 않았다. 선한 사마리아인을 선택한 학생이나 성직자로서의 직업을 선택한 학생이나 모두 비슷한 비율로 아파 보이는 사람을 도와주었다. 강한 촉진압력으로 작용하리라고 예상된 설교 주제가 실제로는 별다른 효과를 만들어내지 못했던 것이다.

왜 그렇게 되었을까? 이는 촉진압력을 훨씬 더 능가하는 억제압력이 작용했기 때문이다. 시간의 압박이 만들어내는 억제압력은 학생들의 신앙심이 만들어내는 촉진압력을 크게 압도했다. 실험에 참여한 40명의 학생 가운데 16명이 가던 길을 멈추고 아파 보이는 사람에게 도움을 주었는데, 강의 시간에 늦었다는 이야기를 들은 세 번째 그룹은 열 명 가운데 단 한 명만 도움을 주었다.

천국에 들어가려면 도움이 필요한 이웃에게 도움을 주어야 한다는 내용의 설교를 하러 가던 미래의 종교 지도자들이 정작 도움이 필요한 이웃을 발견하고도 그대로 지나쳐가는 광경을 떠올려보라. 특히 설교 시간에 늦었다는 이야기를 들은 미래의 종교 지도자 가운데 예수의 시험을 통과한 사람은 단 한 명에 지나지 않았다.

이처럼 자신이 평소 하는 말과 행동이 다르게 나타나는 일은 슬픈 코미디가 아닐 수 없다.• 물론 나는 실험에 참여했던 신학생들의 행동에 마음 놓고 웃을 수 없는 처지다. 나 또한 지금까지 살아오면서 평소 신념과는 다른 행동을 수없이 해왔기 때문이다.

이와 같은 이야기를 다른 사람들의 이야기로만 들으면 비판하고 싶겠지만, 막상 자신의 행동을 돌아보면 그렇게 하기 어려운 게 사실이다.

무언가에 늦었다고 생각하면 마음이 급해지면서 느긋한 상황에서는 절대로 하지 않을 행동을 다른 사람 앞에서 보였던 적이 꽤 있을 것이다. 무언가에 늦었다고 인식하면 그 대상에 대해 압력이 발생하기 때문에 다른 이들을 도와주겠다는 이타심에 대해서는 촉진압력이 만들어지지 않는다. 오히려 이타심에 대해 강한 억제압력이 만들어지면서 행동변화를 이끌어낸다. 시간은 우리가 어떻게 인식하느냐에 따라 엄청난 압력을 만들어내는 것이다.

• 쥘리에트 비노슈Juliette Binoche 주연의 영화 〈초콜릿Chocolat〉에 등장하는 시장님이 딱 그랬다.

기다리는 것을 싫어하는 사람들

사람들은 기다리기를 싫어한다. 특히 지하철역에서 전철을 기다리는 것을 싫어한다. 자기 집 거실 소파에 앉아 스마트폰으로 시간을 보내면 휴식이라고 하지만, 지하철역 승강장에서 똑같은 행동을 하면 시간 낭비라고 한다. 미국의 대중교통 시스템은 높은 수준의 서비스를 제공하고 있지만, 대중교통 이용자들은 불만이 많다. 뉴욕 도시교통공사MTA 같은 경우는 연간 18억 명의 승객을 수송하고 있는데도 뉴욕 시민은 뉴욕의 대중교통이 너무 느리고 불편하다며 불평하곤 한다. 한 해에 무려 18억 명의 승객을 수송한다는 것 자체가 대중교통 시스템이 잘 가동되고 있다는 뜻일 텐데 말이다. 그만큼 사람들은 조금이라도 기다리는 것을 싫어한다.

시민의 지하철 이용을 늘릴 수 있는 개입을 찾아보라고 하면 누구라도 당장 몇 가지씩 생각해낼 것이다. 지하철역의 청소를 더 깨끗하게 하자는 것부터(이는 억제압력을 낮추는 개입이다. 뉴욕 MTA는 지하철역의 청소 횟수를 30퍼센트 늘리는 조치를 취했다) 음악 라이브 공연을 열자는 것에 이르기까지(이는 촉진압력을 높이는 개입이다. 뉴욕 MTA에서 주최하는 '뮤직 언더 뉴욕Music Under New York'은 이미 유명한 음악 행사가 되었다) 다양한 아이디어가 나올 것이다. 그러나 기다리는 시간을 줄이는 개입은 별 뾰족한 수가 없는 게 현실이다. 기다리는 시간을 줄이려면 지하철 운행 속도를 높이는 수밖에 없는데, 이는 비용과 시간이 너무 많이 소요되는 개입이라 현실성이 낮다. 당장 지하철의 신호 체계를 개선하는 데만 400억 달러의 비용과 10년 이상의 시간이 필요한 것으로 추정된다. 게다가 신호 체계를 바꾸는 공사 기간에는 지하철이 지금보다 훨씬 더 느려질 수밖에 없다. 언젠가는 신호 체계를 개선해야겠지만, 지금으로서는 그리 매력적인 아이디어가 아니다.

바로 여기서 행동과학이 매력적인 대안을 제시할 수 있다. 일반적으로는 개입이 인식을 바꾸고, 변화한 인식이 행동변화를 이끌어내는 식으로 일이 진행된다. 여기서 인식과 현실은 서로 밀접하게 연결되어 있지만, 항상 그런 것은 아니다. 그리고 다시 한 번 강조하지만, 우리에게 중요한 것은 성과이자 결과다. 이성적인 개입이 아니라 하더라도 그것이 우리가 바라는 행동변화를 이끌어낸다면 좋은 개입이 된다. 이런 논리에서 지하철 이용자가 다음 지하철을 기다리는 시간 자체에는 변화가 없더라도 기다리는 시간이 길지 않다고 인식하게 할 수만 있다면 충분히 성공적인 개입이다.

여기서 지하철을 기다리는 사람들을 바쁘게 해주는 개입을 생각해 볼 수 있다. 여러 연구에 따르면[19] 시간의 흐름에 대한 사람들의 인식은 두뇌가 얼마나 바쁘게 활동하고 있느냐에 따라 큰 영향을 받는다 (지하철 승강장에 서 있을 때 신경 쓰이게 하는 요소가 많을수록 시간이 빠르게 흐른다고 인식한다). 이는 우리 모두가 직관적으로 이미 알고 있다. 별로 할 일이 없어 따분하게 있을 때와 정신없이 바쁠 때 시간의 흐름은 다르게 느껴진다. 따라서 지하철 승강장에 영상이 나오는 스크런을 설치하거나, 누구라도 쉽게 할 수 있는 체감형 게임을 가동하거나, 간단한 길거리 공연을 제공한다면 사람들은 다음 지하철을 기다리는 시간이 짧다고 인식할 것이다. 미국 휴스턴 공항은 짐을 찾기까지 기다리는 시간이 너무 길다고 이용자 사이에서 불만이 잦자 짐 찾는 곳까지 더 많이 걷도록 사람들의 동선을 바꿨다. 이 또한 이성적인 개입은 아니지만, 공항 이용자들은 기다리는 시간이 줄어들었다고 인식하게 되었다.

다양한 시설물을 설치하는 것도 사람들의 두뇌를 바쁘게 해준다. 턱걸이를 할 수 있는 철봉이나 대형 체커 게임판을 설치하는 것은 어떨까? 몸에 근육을 만들다 보면 시간이 금세 지나갈 것이다. 물론 출근 전에 옷이 땀에 젖는다는 문제는 있겠지만 말이다.

그런데 지하철 이용자를 가장 답답하게 하는 것은 모호함이다(인간의 두뇌가 정말로 싫어하는 것이다). 출근길에 지하철을 이용하는 사람으로서 가장 답답한 일이 있다면 그건 다음 지하철이 언제 도착할지 모르는 상황이다. 승강장에 사람들이 점점 늘어나고 시간은 흘러가는데 계속해서 다음 지하철을 기다려야 할지, 아니면 밖으로 나가 택시를 타야 할지 판단하기 어렵다. 택시를 타려고 밖으로 나가는데, 곧바로 지하철이 도착한다면 난 뭐가 되겠는가? 누구도 잘못된 선택을 하고 싶어 하지 않지만 계속 지하철을 기다리는 것도, 택시를 타려고 밖으로 나가는 것도 옳은 선택이 아닌 듯하다. 그래서 무력감이나 불쾌감에 빠진 채 지하철 승강장에 서 있는 것이다.

여기서 나온 것이 다음 지하철 도착 시각을 알려주는 시스템이다. 어떤 열차편이 언제 도착하는지를 알려준다면 사람들은 다음 편을 기다릴지, 아니면 밖으로 나가 택시를 탈지를 자신 있게 판단할 것이다. 게다가 이 시스템을 설치한 후 지하철 이용자들은 승강장에서 다음 지하철을 기다리는 시간이 30퍼센트 정도 줄어들었다고 인식하게 되었다.[20] 실제로는 모든 것이 그대로였는데도 말이다. 디즈니랜드 같은 테마파크에서도 이와 같은 시스템을 이용해 사람들에게 얼마나 기다려야 놀이기구를 탈 수 있는지 알려준다. 이때 대부분의 테마파크는 놀이기구 이용 대기시간을 실제보다 더 길게 표시한다. 그래야 사람들이 대기시간을 실제보다 더 짧게 인식하기 때문이다.[21] 기다리는 시간의 모호성이 만들어내는 억제압력을 없애고 기다리는 시간을 더 짧게 인식하게 하는 식으로 촉진압력을 높임으로써 지하철이든, 테마파크든 이용자 수를 늘릴 수 있다.

/////////// **짐을 맡기지 않는 업무상 출장자들**

나는 한 대형 항공사에 두 번에 걸쳐 촉진압력과 억제압력에 대해 조언해준 적이 있다. 그 항공사 경영자들과 1년 간격으로 두 차례 함께 일했는데, 처음 조언을 해주고 나서 1년 뒤에 만났을 때 그들은 내 방법론에 꽤 만족하고 있었다. "그 방법론을 적용했고, 지금까지는 꽤 성공적이었습니다. 그런데 한 가지 벽에 부딪힌 일이 있습니다." 그들은 두 번째 만난 자리에서 이렇게 말했다.

그들은 더 많은 승객이 짐을 위탁수하물로 보내도록 수하물 위탁에 대한 억제압력을 낮추려는 조치를 취했다. 위탁수하물 수수료를 없애고, 수하물 처리 속도를 높여 짐을 찾는 대기시간을 줄이고, 수하물 분실률을 업계 최저 수준으로 유지했다. 그 결과 대부분의 승객 집단에서 수하물 위탁 비율이 증가했는데, 업무상 출장자의 경우는 이 수치에 변동이 없었다. 항공사는 업무상 출장자의 수하물 위탁 비율을 높이려고 여러 시도를 해봤지만 소용이 없었고, 오히려 기내에서 이들의 짐을 처리하느라 항공기 출발이 지연되는 일도 종종 있었다.

이 항공사는 업무상 출장자의 수하물 위탁 비율을 높이기 위해 무엇을 해야 할까? 나는 업무상 출장자의 정체성에 호소하는 방법을 제안했다. 업무상 출장자 이외의 승객 집단은 항공기 출발이 어느 정도 지연된다고 해서 그리 큰 문제가 되지 않는다. 휴가지에 도착하는 시간이 조금 늦어지는 것뿐이다. 그러나 사전에 약속된 업무 회의에 참석해야 하는 출장자에게 항공기 출발 지연은 평판이나 신뢰 문제로 확산될 수 있고(회의에 늦을 때 그것을 어쩔 수 없는 상황 때문이라고 이해해줄 사람이 얼마나 될까?), 이는 그들의 정체성과 연결되는 문제가 된다. 조지 클루니George Clooney 주연의 영화 〈인 디 에어Up in the Air〉를 보면 어떤 스타일의 구두를 신느냐에 따라(구두를 벗고 신는 시간이 달라지면서) 공항 검색대를 통과하는 시간이 달라진다는 내용의 대사가 나온다. 그만큼 업무상 출장자에게 시간 효율성이 중요하다는 의미일 것이다.

따라서 '항공기 수하물 위탁'을 '효율적인 사람'으로 연결함으로써 업무상 출장자들 사이에 수하물 위탁에 대한 강한 촉진압력을 만들어내고, 그들의 행동변화를 이끌어낼 수 있다. 만약 그 항공사에서 내 제안을 받아들인다면 수하물 위탁과 시간 효율성을 연결 짓는 내용의 광고가 나오게 될지도 모르겠다.

/////////// **승무원들의 결원을 막아라**

나는 또 다른 항공사에서 '어떻게 해야 항공기 객실 승무원의 병가 횟수를 줄일 수 있을까?'라는 주제로 워크숍을 진행한 적이 있다. 미국연방항공국은 항공기 객실 승무원의 교체를 엄격하게 제한하며, 승무원의 근무 시간 역시 정해진 시간 이내에서 규제한다. 따라서 항공사는 승무원의 스케줄을 세심하게 운용해야 하고, 만약 여기서 일정 수준 이상의 병가가 발생한다면 이는 고객 서비스 부문의 심각한 문제로 이어질 수도 있다.

우리는 원초적인 질문을 해보았다. 승무원들이 정말로 아파서 병가를 내는 걸까? 아니었다. 병가를 내는 승무원 가운데 상당수는 개

인 사정으로 병가를 냈다. 그런데 일찍 병가를 신청하면 항공사로서
는 제한적이기는 하지만, 승무원들의 스케줄을 조정해 결원으로 생
기는 문제를 최소화할 수 있다. 그래서 우리는 너무 늦은 병가 신청
에 대해 억제압력을 만들어내는 게 좋겠다고 생각했다. 이를테면 항
공 스케줄에 임박해 병가를 신청하는 경우 다른 직원들이 그 상황을
알 수 있게 공개하는 것이다(사회적인 평판은 강한 억제압력이 된다). 너
무 늦은 병가 신청은 회사의 다른 직원들을 매우 곤란하게 할 수 있
다는 점을 인식하고, 병가 신청에 높은 책임의식을 느끼도록 하자는
제안이었다.

그와 더불어 병가 신청을 일찍 하게끔 유도하자는 제안도 나왔다.
먼저 이른 병가 신청은 간단한 보고만으로 할 수 있도록 하고, 항공
스케줄에 임박한 늦은 병가 신청은 보고 양식을 까다롭게 만드는 방
법이 있다. 그뿐 아니라 이른 병가 신청에 대해서는 휴가 시간의 20
퍼센트를 직원에게 되돌려주고, 병가 신청 사실을 다른 직원들에게
공개하지 않는 방법도 있다.

워크숍에서는 이렇게 다양한 제안이 나왔지만, 정작 파일럿 프로
그램으로 진행된 것은 따로 있었다. 바로 '아이 돌봄 요청On Demand
Child Care'이었다. 승무원을 대상으로 조사해본 결과 그들도 항공 스
케줄에 임박한 병가 신청의 문제점을 잘 알고 있었고, 병가 신청은
되도록 미리 해야 한다고 생각했다. 그런데도 스케줄에 임박해 병가
를 신청하는 이유는 대부분 자녀 돌봄과 관련이 있었다. 아이 돌봄

요청 프로그램은 마이크로소프트에서 이미 운용하고 있던 복지정책이었기 때문에 내게는 꽤 익숙했다. 우리는 이 제안을 파일럿 프로그램으로 진행했고, 이 프로그램이 승무원의 항공 스케줄에 임박한 병가 신청을 크게 줄인다는 점을 확인할 수 있었다. 사람들은 옳은 일을 하고 싶어 한다. 따라서 옳은 일을 쉽게 할 수 있도록 도와야 한다.

////////// **야머에서의 논쟁**

행동목표가 만들어내는 유용한 효과 가운데 프로세스 초기에 팀원들 사이의 논쟁을 유도한다는 것도 있는데, 초기에 논쟁이 진행되고 팀의 견해가 정리되어야 나중에 팀 역량이 무의미하게 분산되는 상황을 막을 수 있다. 또한 행동목표를 정리하면서 자연스럽게 성과 평가의 기준이 정해진다. 그러면 팀원들이 효율성을 극대화하고자 독립적으로 업무를 수행하면서도 모두가 행동목표의 달성을 위해 같은 방향으로 나아가는 결과를 이끌어낼 수 있다.

마이크로소프트 재직 당시 나는 회사에서 인수한 야머Yammer*를 방문해 행동변화 디자인 프로세스에 대해 설명할 기회가 있었다. 행동목표와 작용 압력 등의 개념을 설명한 뒤에 곧바로 야머의 전략에

• 구성원 간 의사소통과 협업을 위한 기업용 소셜네트워크 서비스 – 옮긴이

대한 문제를 다뤄보기로 했다. 그 무렵 야머는 두 가지 전략 사이에서 좀처럼 판단을 내리지 못하고 있었는데, 나는 각각의 전략이 만들어낼 수 있는 가장 긍정적인 상황을 가정하고 사람들의 의견이 어느 쪽으로 기우는지 지켜보기로 했다. 이는 더 바람직한 선택을 하는 데 매우 유용한 방법이다. 야머는 이용자의 관여도를(이용자가 야머를 얼마나 자주 사용하는지를) 중시하는 전략과 이용자가 만들어내는 비즈니스 가치를(이용자가 야머에 도움이 되는 콘텐츠를 얼마나 많이 만들어내는지를) 중시하는 전략 사이에서 무엇을 선택해야 할지 고심하고 있었다. 그래서 나는 다음과 같은 두 가지 상황을 가정해볼 것을 제안했다. "야머 이용자 두 사람이 있습니다. 한 명은 야머에 매일 로그인하고 자신과 연결되어 있는 모든 사람과 채팅하는 식으로 관여도가 높지만, 도움이 되는 콘텐츠는 전혀 생성하지 않습니다. 반면에 다른 한 명은 딱 한 번 로그인하고 딱 한 사람하고만 채팅하지만, 야머에 막대한 비즈니스 가치를 창출해주는 콘텐츠를 생성합니다. 당신은 어떤 이용자를 선호합니까?"

회의실 안에서 열띤 토론이 벌어졌지만, 우리는 합의에 이르지 못했다(적어도 그날 회의에서는 그랬다). 마이크로소프트에서 10억 달러 넘게 주고 인수한 이후 사업 확장을 기대하며 몇 년이나 기다린 회사에서 그런 일이 일어나고 있다는 것은 좋은 신호가 아니었다. 다만 회사의 전략에 대한 이와 같은 논쟁은 일찍 일어날수록 더 좋고, 행동변화 디자인 프로세스가 이러한 논쟁을 이끌어낼 수 있다.

여기서 다음과 같은 의견이 나올 수도 있겠다. "관여도와 비즈니스 가치 둘 다 가지면 되지 않나요?" 그런데 두 가지 전략 모두를 성공적으로 이끌 가능성이 얼마나 될까? 우선은 한 가지 전략에 집중하고, 나머지 전략은 주요 전략에 대한 부가 전략으로 접근하는 방식이 합리적이다. 이용자의 관여도에 집중하고 관여도를 높이는 촉진압력으로서 비즈니스 가치를 추구하거나, 아니면 이용자가 만들어내는 비즈니스 가치에 집중하고 그 가치를 높이는 촉진압력으로서 관여도를 추구하는 식으로 말이다. 또한 여기서 부가 전략이 주요 전략의 유일한 촉진압력이 되는 것은 아니다.

나는 스타트업의 경쟁력을 판단할 때 그곳이 어떤 행동변화를 추구하는지 물어본다. 그러고는 대답이 둘 이상 나온다면 한 가지 행동변화에 집중하라고 조언한다. '모두 다' 추구하는 것은 스타트업에는 좋은 방식이 아니다. 집중하지 않으면 아무것도 얻지 못한다.

여성에 대한 임금 차별

미국에서 여성은 승진과 임금에 심각한 차별을 받는다. 이런 지적에 동의하지 않는 것은 개인의 자유지만, 99퍼센트의 경제 전문가가 여기에 동의한다. 99퍼센트의 기후학자가 지구온난화는 인간 활동의 결과물이라는 의견을 내지만, 이 의견에 동의하지 않는 것 또한 개인의 자유다. 누구라도 자신이 믿고 싶은 것을 믿을 수 있다. 잘못된 믿음을 가질 수도 있다는 위험이 있지만 말이다.

자신이 99퍼센트의 경제 전문가보다 더 많은 것을 알고 있다고 생각하는 사람에게 이번 항목은 불편한 내용이 될 수도 있다. 다만 더 뛰어난 행동과학자가 되고 싶은 사람이라면 이 항목을 꼭 읽어보라.

우리는 페미니즘 운동을 잘못 진행하고 있다(이것은 거의 모든 페미니스트가 하는 말이다). 바로 촉진압력에 대한 구조적인 편향성 때문이다. 여성은 남성에 비해 임금 인상을 더 적극적으로 요구하지 않는데, 이때 우리는 촉진압력을 높이는 개입만을 실행하려 한다. 여성에게 적극적으로 행동하고 자신감을 가지라는 식의 조언만을 해주는 것이다. 하지만 앞에서도 지적했듯이 촉진압력에 대한 편향성은 억제압력 쪽에 더 많은 기회가 있음을 의미한다.

나는 나중에 렌딩트리LendingTree*에 인수된 개인금융 서비스 스타트업인 스라이브Thrive에서 일했는데, 이곳은 사람들의 돈 관리에 대한 이해도를 높여주기 위한 서비스를 제공하고 있었다. 기존의 신용도 평가는 자산이 많기만 하면 높은 신용도를 받지만, 스라이브는 저축유지율 같은 지표를 개발해 좀 더 적극적으로 개인의 신용도를 평가하려고 했다. 저축의 절대적인 크기가 아니라 상대적인 크기로 개인의 소득 가운데 몇 퍼센트를 저축하는지, 그리고 그 저축을 90

---

* 미국 인터넷 대출 정보 전문 업체 - 옮긴이

일 이상 유지하는지 등을 기준으로 신용도에 가산점을 주는 방식이었다.

이와 같은 신용도 평가 방식에서 여성은 남성보다 훨씬 더 높은 점수를 받는 것으로 나타났다. 여성이 쇼핑에 더 많은 돈을 쓴다는 것은 잘못된 편견이었을 뿐이다. 단순히 절대적인 수치로 소득과 저축액을 평가한다면 남성 쪽이 더 높은 점수를 받는다. 남성의 소득이 여성보다 훨씬 더 많기 때문이다. 소득이 훨씬 더 적은 여성이 남성보다 더 많은 액수의 저축을 할 수 있는 뾰족한 방법은 없다.

이런 문제를 인식한 스라이브는 여성에 대한 임금 차별을 줄이려는 프로젝트를 시작했다. 프로젝트의 이름은 겟레이즈드닷컴 GetRaised.com인데, 이를 촉진압력이 아닌 억제압력 중심으로 진행하기로 했다. 즉 이 프로젝트는 여성에게 임금 인상을 적극적으로 요구하라고 설득하는 게 아니라 임금 인상의 기회와 여성들 사이를 가로막는 장벽을 허무는 데 집중하는 내용으로 진행하기로 했다.

겟레이즈드닷컴은 우선 몇 가지 질문을 통해 의뢰자가 어느 정도 수준으로 임금 차별을 받고 있는지 미국 노동통계청BLS의 데이터를 기준으로 분석한다. 그런 다음 의뢰자가 요구할 수 있는 최적의 임금 인상 요구 수준을 제시한다(일정 수준 이상의 임금 인상을 추구하면서도 수용 가능성을 몇 배로 높일 수 있는 최적의 임금 인상 요구 수준이 존재한다. 우리가 보유한 데이터로 분석했을 때 이 수치는 8퍼센트에 수렴하고 있었다). 여기서 끝이 아니다. 겟레이즈드닷컴은 추가적인 질문을 통해 의뢰자가 지금까지 어떤 일을 했고 앞으로 계획이 무엇인지를 파악해 의뢰자가 사용자 측에 제시할 수 있는 서한을 하나 작성해준다. 여기부터는 약한 수준의 촉진압력이 가해진다. 의뢰자가 사용자 측에 그 서한을 제시했는지, 임금 인상이 실제로 이루어졌는지를 지속적으로 확인하는 것이다. 우리가 작성해준 서한을 사용자 측에 제시한 여성의 80퍼센트 이상이 임금을 인상받았고, 평균 연봉 인상 액수는 7000달러가 넘었다.

일반적으로 여성은 두 개의 일자리에 취업이 될 때 안정적으로 더 높은 임금을 받는 쪽을 선택한다. IT를 비롯한 몇몇 업계에서는 월급이 낮은 대신 주식이나 주식매수권을 부여하는데, 이런 경우에도 여성은 주식이나 주식매수권보다는 안정적으로 높은 월급을 지급받는 일자리를 선택한다. 하지만 사실상 IT 업계에서 막대한 부를 얻을 수 있는 유일한 길은 자신이 보유한 스타트업의 주식이 나중에 증시에 상장되고 주가가 크게 오르는 것뿐이다. 여성들이 리스크에 다가서지 못하도록 하는 억제압력을 낮추기 위해 나는 몇몇 동료와 함께 샐러리오어에퀴티닷컴SalaryOrEquity.com을 만들었다. 이 사이트에서는 특정 주식의 기대수익률을 계산해줌으로써 리스크에 더 과감하게 접근할 수 있도록 돕는다. 이 사이트에서 제공하는 서비스가 실제로 어느 정도 성과로 이어졌는지는 확인해보지 못했지만(성과를 종합적으로 판단할 수 있을 정도의 데이터가 축적되지 않았다), 사이트를 구축하기에 앞서 가동했던 파일럿 프로그램에서는 분명하게 긍정적인 성과가 나왔다.

남성 페미니스트의 숫자를 늘리기 위한 개입도 마찬가지다. 나는 몇 년 전에 페이스케일PayScale*과 협력해 성차별에 대한 남성들의 의식을 조사한 일이 있는데, 그 조사에서 내가 3-1-1법칙이라고 부르는 결과를 얻었다. 즉 다섯 명의 남성 가운데 세 사람은 이 세상에 성차별이 있다고 생각하지 않고, 한 사람은 성차별이 있고 자기 주변에서도 일어난다고 생각하며, 나머지 한 사람은 성차별이 있지만 자기 주변에서는 일어나지 않는다고 생각했다.

첫 번째 부류에 대해서는 어떤 개입을 해야 할지 모르겠다. 그들에게는 여성 편에 서겠다는 욕구 자체가 없기 때문이다. 여러 연구에 따르면 그들의 의식이 변하고 여성 편에 서겠다는 욕구가 생길 유일한 가능성은 딸을 낳아보는 것이다(딸이 있는 벤처캐피털리스트가 여성 파트너를 고용할 가능성이 훨씬 더 높고, 어째서인지 이들이 성공하는 스타트업을 발굴하는 비율이 더 높으며, 벤처캐피털의 전체적인 수익성도 이들 쪽이 더 높다고 한다).[22] 만약 이 첫 번째 부류의 남성을 페미니스트로 만들 수 있는 개입에 대한 아이디어가 있다면 내게도 알려주기 바란다.

두 번째 부류의 남성은 신경 쓰지 않아도 된다. 그들은 이미 성차별을 없애기 위한 행동을 하고 있을 것이다. 우리가 개입 대상으로 삼을 만한 이들은 세 번째 부류의 남성이다. 그들은 성차별 문제를

• 미국의 연봉 조사 웹사이트 - 옮긴이

인지하고 있지만, 아직 행동에 나서지 않았을 뿐이다. 그들에게는 촉진압력을 이용해야 할까, 아니면 억제압력을 이용해야 할까?

이번에는 촉진압력과 억제압력 모두를 이용해보았다. 먼저 아이에스크드허닷컴IAskedHer.com에서는 사람들에게 성차별을 당하는 여성과의 대화에 참여해보라고 제안한다. 성차별을 인지하고, 성차별 피해자에게 연대감을 가진 사람들의 정체성에 호소하는 것이다. 이 사이트는 성차별이 우리 주변에서 얼마나 일상적으로 일어나고 있는지 알려주려는 목적으로 이러한 대화를 추진하는데, 이는 대화에 참여하는 남성에게 촉진압력을 만들어낸다. 특히 이와 같은 방식은 성차별 문제점을 인지하고는 있지만 그에 대해 직접적인 관여도가 없는 남성에게 성차별 문제를 현실로 인식시켜 주는 효과가 있다. 이 사이트를 구축하기에 앞서 가동했던 파일럿 프로그램에서는 매우 성공적인 결과가 나왔다.

그런가 하면 와이멘어텐드닷컴WhyMenAttend.com은 젠더 행사에 참여하는 남성과 참여하지 않는 남성에 대한 연구 결과를 토대로 기획한 이벤트다. 그 연구 결과에 따르면 젠더 행사에 참여하는 편이 자신을 더욱 인간답게 만든다고 생각하는 남성은 행사에 참여하는 것으로 나타났고, 그렇게 생각하지 않는 남성은 행사에도 참여하지 않는 것으로 나타났다. 촉진압력이 젠더 행사에 대한 참여 여부를 결정하는 것이다. 그리고 한 가지 더, 젠더 행사에 참여해달라는 초청을 받은 남성은 참여하는 비율이 높았다. 이번에도 촉진압력이 참여 여부를 결정했다.

한편 좀 더 깊게 생각해보면 젠더 행사에 대한 초청은 억제압력을 낮추는 효과도 만들어낸다. 젠더 행사에 참여하는 남성은 행사에 남성 강연자가 나오고 남성의 참여도 환영한다는 내용을 알게 돼 참여했다고 응답했다. 그런데 남성을 젠더 행사에 초청할 때 남성보다는 여성이 해야 효과가 더 크게 나타났다. 남성의 참여가 환영받는다는 메시지는 여성의 입으로 전해질 때 신뢰가 더 높아진다는 것이다.

지금 소개한 인터넷 사이트와 이벤트는 단순한 기술과 오픈 데이터를 거쳐 만들어지고 가동된다. 그리고 긍정적인 방향으로 행동변화를 이끌어내는 데 큰 효과를 만들어낸다. 하나의 프로젝트에 10억 달러 수준의 자금을 동원할 수 있는 거대 다국적 기업들만 사회적으로 의미 있는 변화를 만들어낼 수 있는 게 아니다. 나와 동료들이 추진해온 이 같은 프로젝트들은 누구라도 참여할 수 있고, 우리 사회에 의미 있는 변화를 만들어낼 수 있다. 어떤 상황에 작용하는 압력을 파악할 수 있을 정도의 관심과 파일럿 프로그램을 가동할 수 있을 정도의 노력만 투입한다면 말이다.

////////////

전투식량용 초콜릿

이 책의 본격적인 시작을 엠앤엠스로 했으니 마무리도 엠앤엠스로 하려고 한다. 다만 이제부터 하려는 이야기는 정작 엠앤엠스 측에서는 인정하지 않기 때문에 사실이 아닐 수도 있다는 점은 미리 말해두고 싶다.

1941년, 제2차 세계대전이 한창 벌어지고 있던 때의 일이다. 미국 정부는 국민에게 집 앞 빈터에 빅토리가든victory garden이라는 텃밭을 가꾸고, 그와 더불어 되도록 많은 식량을 집에 비축해둘 것을 권장했다. 이와 같은 상황에서 포레스트 마스Forrest Mars와 브루스 머리Bruce Murrie는 군용 전투식량으로 사용할 수 있으면서 녹아 흘러내리지 않는 초콜릿을 개발하기로 의기투합했다. 당시만 하더라도 군용 전투식량은 냉장 설비도 없는 창고에 몇 개월에서 길게는 몇 년까지도 보관해야 했다. 따라서 군대에 전투식량을 납품하고자 하는 식품 회사는 이러한 조건에 맞는 식품을 만들어 공급할 수 있어야 했다. 이는 식품 회사에 매우 강력한 억제압력으로 작용했고, 특히 초콜릿 회사에는 더욱 가혹한 조건이 되었다. 이런 조건에 맞춘 초콜릿 제품은 너무 맛없어서 군인들은 먹으려고 하지도 않았다.

바로 이 시점에서 엠앤엠스가 등장했다. 원래 내용물이 녹지 않도록 겉을 코팅하는 캔디의 아이디어는 영국에서 처음 나온 것으로, 1930년대 중후반의 스페인 내전 당시 군인들에게 지급하는 간식으로 공급되었다. 마스는 이 아이디어를 차용해 엠앤엠스를 만들어 제2차 세계대전 때 미군에 공급했고, 미군 병사들은 이 새로운 간식에 열광했다. 그러다 전쟁이 끝났고, 민간 부문에서 초콜릿과 사탕에 대한 수요가 폭발했다. 정부 조달은 사라졌지만, 새로운 시장이 열린 것이다. 엠앤엠스는 초콜릿 소비에 대한 억제압력을 낮췄고, 소비자들은 그전까지는 생각하지도 못했던 방식으로 초콜릿을 소비할 수 있었다. 그로부터 80년 가까이 지난 오늘날 엠앤엠스는 세계에서 가장 많이 팔리는 초콜릿 제품이다.

사실 제2차 세계대전 전까지만 하더라도 초콜릿은 아주 귀한 음식이었기에 초콜릿을 간식으로 먹는다는 것은 사회적으로 용인되지 않은 습관이었다(당시 마스는 자신들의 제품을 영양을 공급하는 식품으로 진지하게 홍보했다). 하지만 전쟁 이후 민간의 경제력이 향상되고 원료 공급도 증가하면서 초콜릿 소비에 대한 억제압력은 크게 낮아졌다. 그렇지만 초콜릿은 여전히 잘 녹았다. 사람들은 여름에는 초콜릿을 거의 먹지 않았고, 초콜릿 회사들은 연중 네 달은 매출 부진을 겪어야 했다. 이와 같은 상황은 초콜릿 회사에 커다란 비용 부담으로 작용했다. 사람들의 경제력은 커졌지만, 초콜릿은 유통 한계 때문에 여전히 비쌌다. 1940년대만 하더라도 냉장고를 보유한 상점이 별로 없었다. 그러다 엠앤엠스가 '입에서는 녹고, 손에서는 녹지 않는 초콜릿'이라는 점을 강조하기 시작했고, 사람들 사이에서는 초콜릿 제품 소비에 대한 억제압력이 순식간에 사라졌다. 한여름의 야구장이나 공원에서도 먹을 수 있는 초콜릿 제품이 등장한 것이다. 물론 너무 더운 곳에서는 엠앤엠스도 녹기는 했지만 경쟁사들의 제품에 비해서는 잘 버텨주었고, 소비자들은 그 정도의 차이에 충분히 만족해했다.

민간 부문에서 초콜릿 소비에 대한 억제압력이 크게 낮아진 것은 제2차 세계대전 이후의 일이고, 그로부터 초콜릿 소비에 대한 사람들의 인식은 완전히 달라졌다. 만약 당시 존재하던 어떤 초콜릿 회사가 행동목표를 기술하고 시장에 작용하는 압력을 완전하게 파악할 수 있었다면, 오늘날 초콜릿 시장을 선도하는 기업은 마스가 아니라 그 회사였을 것이다. 물론 시간을 되돌릴 수는 없겠지만, 지금도 여전히 시장에 작용하는 압력을 가장 먼저 파악한 기업이 시장을 선도한다. 우버가 출현하기 전까지 사람들은 택시비 현금 결제가 주는 불편함을 분명하게 인식하지 못했다. 넷플릭스가 출현하기 전까지 사람들은 DVD 대여가 주는 불편함을 분명하게 인식하지 못했다. 틴더Tinder*가 출현하기 전까지 사람들은 스와이핑swiping**이 만들어내는 즐거움을 분명하게 인식하지 못했다. 전자담배가 나오기 전까지 사람들은 니코틴을 함유한 액체를 들이마시고 그것을 연기처럼 내뿜는 편리함과 즐거움을 인식하지 못했다(전자담배의 위험성에 대한 문제는 그만두고라도 말이다). 그렇다면 이제 다음번의 커다란 성공을 만들어낼 수 있는 압력으로는 무엇이 있을까? 그와 같은 압력을 찾아내는 데 이 책의 내용이 도움이 될 수 있을까?

---

* 　데이트 주선 앱—옮긴이
** 　손가락을 화면에 대고 좌우로 넘기는 동작—옮긴이

이 책은 예전에 없던 새로운 논리를 개발해서 쓴 것은 아니다. 이 책의 내용은 모두 사회심리학을 비롯해 다양한 분야에서 행해진 수많은 연구와 세계 곳곳에서 움직이고 있는 기업이나 단체들을 이끌어온 수많은 사람의 경험에 기반을 둔다. 다만 지금까지 우리가 살고 있는 세상이 그전보다 더 나은 곳으로 발전한 것은 수많은 사람의 작은 기여가 있었기 때문이다. 나 역시 지금까지의 수많은 연구와 다른 사람들의 경험을 활용하는 또 한 가지의 체계적인 프로세스를 정립했다는 점에서 그 작은 기여에 보탬이 되었으리라 생각한다.

이 책의 목적은 그와 같은 기여를 추구하는 사람에게 도움이 되는 것이다. 우리가 살아가는 세상이 지금과 같이 발전할 수 있었던 것은 몇몇 위인의 커다란 기여 덕분이기도 하지만, 발전의 동력 대부분은 수많은 작은 기여로 만들어졌다. 나는 사람들의 행동변화를 위한 방법론을 기밀로 유지하면서 특별한 지위에 있는 몇몇 사람만 진행해서는 안 된다고 생각한다. 세상이 계속해서 지금보다 더 나은 곳으로 발전하려면, 더 많은 사람이 세상을 더 나은 곳으로 만들기 위한 행동에 나설 수 있어야 한다.

나는 이 책에서 사람들의 행동변화를 이끌어내는 프로세스에 대해 논하려고 했다. 그런데 이 책의 중심이 되는 내용은 사실 내가 태어나기도 훨씬 더 전에 심리학자인 쿠르트 레빈Kurt Lewin이 '장이론'이라는 이름으로 정립한 것이다(내가 이 책에서 촉진압력과 억제압력이라고 부르는 압력의 작용은 이 장이론의 내용과 맥락을 같이한다). 다만 나는 학교에 다닐 때까지도 쿠르트 레빈의 책을 읽어보지 못했는데, 학부 시절의 지도 교수였던 앤드루 워드Andrew Ward 교수가(학부 시절의 내 지도 교수는 두 분으로, 다른 한 분은 배리 슈워츠Barry Schwartz 교수다) T. K. 맥도널드의 논문을[23] 읽어보라고 추천하면서 행동변화를 이끌어내는 방법에 관심을 두게 되었다. T. K. 맥도널드의 논문은 사람들의 일반적인 관념을 도발하는 질문으로 시작한다. "술에 취한 사람이 취하지 않은 사람보다 더 안전하게 섹스를 할 수 있도록 하는 어떤 조건이 있을까?"

이 질문에 대한 답은 "에이즈가 당신을 죽일 수 있습니다"라는 문구를 제시하는 것이다. 전체적으로 알코올은 두뇌 기능을 떨어뜨리지만, 술에 취한 사람은 자신이 처한 상황에서 가장 두드러진 어느한 가지 신호에 관심을 집중하는 경향이 있다. 따라서 술에 취한 사람에게 에이즈 감염의 위험성을 경고하면 술에 취하지 않은 사람보다 더 안전하게 섹스하려는 욕구를 보인다. 여기서 경고 문구는 압력으로 작용한다. 어떤 행동을 유발하거나 억제하는 요인이 되는 것이다. 워드 교수 그리고 그와 종종 연구 협업을 하던 트레이시 만Traci Mann 교수는 이 같은 내용을 담고 있던 맥도널드의 논문을 토대로 주의집중 근시에 대한 좀 더 일반화된 모델을 제시하기도 했다.[24] 이 모델에 따르면 우리는 선택적으로 사람들의 주의집중을 낮춤으로써 다양한 범위에서 행동변화를 이끌어낼 수 있다. 어떤 사람의 식사량을 줄이거나 늘릴 수 있고, 어떤 대상에 대해 더 공격적으로 접근하거나 덜 공격적으로 접근하도록 할 수 있다는 것이다.

나는 두 교수의 연구에 함께 참여하기도 했는데, 우리는 흡연을 하는 대학생들의 라이터에 "흡연은 당신을 죽일 수 있습니다"라는 문구가 적힌 스티커를 붙여주는 식으로 그들의 흡연율을 줄일 수 있었다. 맥도널드의 에이즈 경고 문구처럼 말이다.[25] 우리는 연구에 참여한 대학생들에게 담뱃불을 붙일 때 반드시 이 스티커가 붙은 라이터만 사용해달라고 요청했고, 또 다른 대학생들에게는 여기에 한 가지를 더 요청했다. 바로 담배에 불을 붙이기 전에 10부터 숫자를 거꾸로 세어달라고 한 것이다. 그러자 후자의 경우에 학생들의 담배를 피우는 횟수가 더욱 줄어드는 것으로 나타났다. 그들의 전체적인 주의집중이 낮아지면서 주의집중 근시가 되었기 때문이다. 즉 전체적인 주의집중이 낮아지면서 스티커의 경고 문구 한 가지에만 관심을 집중하게 되었다는 게 우리가 내린 결론이었다.

이러한 연구 결과는 내 마음속에 작은 씨앗으로 자리 잡았다. 낮아진 주의집중이 압력의 세기를 바꾸고 그것이 행동변화로 이어졌다면, 압력 세기를 바꾸는 다른 방법도 있지 않을까. 압력을 바꿀 수 있는 개입을 설계할 수만 있다면 사람들의 행동변화를 이끌어내고, 지금보다 더 나은 세상을 만들 수 있을 것이다. 과거에 내 마음속에 심어진 그 씨앗이 지금 이 책을 만들어냈다.

만약에 이 책이 스타트업이라면 내가 참여했던 대학 시절의 연구 이야기는 창업 스토리가 되겠다. 그리고 이 책을 진행하면서 가장 많이 언급할 논문 내용이기도 하다. 물론 나는 연구 논문보다는 실제 사례들 위주로 이 책을 진행해나갔다. 그렇지만 이 책에서 전개되는 논리의 원천이 어디에 있는지는 밝혀두고 싶었다.

앤드루 워드 교수와 배리 슈워츠 교수가 없었다면 나는 사회심리학자가 되지 못했을 것이다. 그들은 젊은 시절의 내가 종종 내보였던 오만함 뒤에 있던 호기심을 알아봐 주었다. 스테프 슈거Stef Sugar는 요즘의 내가 내보이고 있는 오만함을 계속해서 잘 받아주는 사람이다. 내 부모님과 형님에게는 항상 감사하는 마음이다. 그레이엄 무어Graham Moore는 내게 책을 어떻게 써야 하는지 알려준 사람이다. 에이비 카나니Avi Karnani는 스라이브와 천리스Churnless에서 나를 믿고 기회를 주었다. 우리는 언젠가 다시 함께 일할 거라고 믿는다. 스테판 웨이츠Stefan Weitz와 애덤 손Adam Sohn은 나를 마이크로소프트로 이끌어준 사람들이다. 그리고 애너 로스Anna Roth와는 언제라도 함께 다시 일하고 싶다. 댄 스톰스Dan Storms와는 상품 개발에 관해 정말로 많은 이야기를 나누었다. 애덤 그랜트Adam Grant는 나를 자신의 책에서 언급해준 최초의 사람이며, 지금도 내게 젠더 문제에 대해 계속 가르침을 준다. 제니퍼 쿠르딜라Jennifer Kurdyla는 이 책을 완성하는 데 큰 도움을 주었다. 이 책을 완성하는 데 수많은 사람이 도움을 주었지만, 특히 펭귄출판사의 메리 선Merry Sun이 없었다면 이 책은 세상에 나오지 못했을 것이다. 그녀의 설득이 있었기에 이 책을 끝까지 쓸 수 있었다. 그동안 많은 출판사가 책을 내자고 설득했지만 내 마음을 움직이지 못했다(어떤 출판사는 내게 무료 강연을 그만둘 것을 요구하기도 했다. 강연 주최 측에서 내 책의 일정 부수 이상 판매를 약속해줄 때만 강연에 나서라는 것이었다. 요즘 출판계가 그런가 보다). 그렇지만 메리 선은 솔직하면서도 분명하게 말했다. 내가 쓰고 싶은 내용으로 책을 쓰고, 그 외의 일은 하고 싶지 않으면 하지 않아도 된다고 말이다.

그리고 그 누구보다 내 아들 베어가 있었기에 이 책을 끝까지 쓸 수 있었다. 그동안 전 세계를 다니며 강연하느라 베어와 떨어져 지내야 하는 일이 많았는데, 이제 책이 나왔으니 나는 강연 요청에 이렇게 말해줄 수 있게 되었다. "저는 아들과 놀아줘야 합니다. 제 책을 사서 읽어보세요." 앞으로 아들과 함께할 시간이 기대된다. 내 아들도 나와 같은 생각이라면 정말로 기쁘겠다.

주

1. FINRA Investor Education Foundation, "2009 National Survey: Respondent-. Level Data, Comma Delimited Excel File," 2010, www.us financialcapability. org/downloads.php/.

2. Barbara E. Kahn and Brian Wansink, "The Influence of Assortment Structure on Perceived Variety and Consumption Quantities," *Journal of Consumer Research* 30, no. 4 (2004): 519–33, https://doi.org /10.1086/380286.

3. B. Wansink, J. E. Painter, and YK Lee, "The Office Candy Dish: Proximity's Influence on Estimated and Actual Consumption," *International Journal of Obesity* 30 (2006): 871–75, https://doi.org /10.1038/sj.ijo.0803217.

4. Laszlo Bock, *Work Rules!: Insights from Inside Google That Will Transform How You Live and Lead* (New York: Hachette, 2015).

5. Rona Abramovitch, Jonathan L. Freedman, and Patricia Pliner, "Children and Money: Getting an Allowance, Credit Versus Cash, and Knowledge of Pricing," *Journal of Economic Psychology* 12, no. 1 (1991): 27–45, https://doi. org/10.1016/0167–4870(91)90042–R.

6. Noam Scheiber, "How Uber Uses Psychological Tricks to Push Its Drivers' Buttons," *New York Times*, April 2, 2017, www.nytimes.com / interactive/2017/04/02/technology/uber–drivers–psychological–tricks.html.

7. Adam D. I. Kramer, Jamie E. Guillory, and Jeffrey T. Hancock, "Experimental Evidence of Massive–cale Emotional Contagion Through Social Networks,"

Proceedings of the National Academy of Sciences of the United States of America 111, no. 24 (June 17, 2014): 8788 –90, https://doi.org/10.1073/pnas.1320040111.

8. Inder M. Verma, "Editorial Expression of Concern: Experimental Evidence of Massive – cale Emotional Contagion Through Social Networks," *Proceedings of the National Academy of Sciences of the United States of America*, 111, no. 29 (July 22, 2014): 10779, https://doi.org/10.1073/pnas.1412469111.

9. Mike Schroepfer, "Research at Facebook," *Facebook Newsroom*, October 2, 2014, https://newsroom.fb.com/news/2014/10/research –at –facebook/.

10. Dan Ariely, Emir Kamenica, and Draž.en Prelec, "Man's Search for Meaning: The Case of Legos," *Journal of Economic Behavior & Organization* 67, nos. 3 –4(September 2008): 671 –77, https://doi.org /10.1016/j.jebo.2008.01.004.

11. Thanks to Tyler Burleigh, who works with me at Clover Health as a qualitative researcher, for the stub on which this is based.

12. Margaret Shih, Todd L. Pittinsky, and Nalini Ambady, "Stereotype Susceptibility: Identity Salience and Shifts in Quantitative Performance," *Psychological Science* 10, no. 1 (January 1999): 80 –83, https://doi.org/10.1111/1467 –9280.00111.

13. T. K. MacDonald et al., "Alcohol Myopia and Condom Use."

14. Eric J. Johnson and Daniel G. Goldstein, "Do Defaults Save Lives?" *Science* 302 (November 21, 2003): 1338 –39, https://ssrn.com/ab stract= 1324774.

15. Krishna Savani et al., "What Counts as a Choice? U.S. Americans Are More Likely Than Indians to Construe Actions as Choices," *Psychological Science* 21, no. 3 (March 2010): 391 –98, https://doi.org /10.1177/0956797609359908.

16. Nicole M. Stephens, Hazel Rose Markus, and Sarah Townsend, "Choice as an Act of Meaning: The Case of Social Class," *Journal of Personality and Social Psychology* 93 (2007): 814 –30, https://doi.org /10.1037/0022 –3514.93.5.814.

17. J. R. DiFranza et al., "RJR Nabisco's Cartoon Camel Promotes Camel Cigarettes

to Children," *Journal of the American Medical Association* 22 (Dec 1991): 3149 – 53.

18. John M. Darley and C. Daniel Batson, "From Jerusalem to Jericho: A Study of Situational and Dispositional Variables in Helping Behavior," *Journal of Personality and Social Psychology* 27, no. 1 (1973): 100 – 108, https://doi.org/10.1037/h0034449.

19. Richard A. Block, Peter A. Hancock, and Dan Zakay, "How Cognitive Load Affects Duration Judgments: A Meta –nalytic Review," *Acta Psychologica* 134, no. 3 (July 2010): 330 – 43, https://doi.org/10.1016/j.actpsy.2010.03.006.

20. Kari Watkins et al., "Where Is My Bus? Impact of Mobile Real – ime Information on the Perceived and Actual Wait Time of Transit Riders," *Transportation Research Part A: Policy and Practice* 45, no. 8 (October 2011): 839 – 48, https://doi.org/10.1016/j.tra.2011.06.010.

21. Karen L. Katz, Blaire M. Larson, and Richard C. Larson, "Prescription for the Waitinginline Blues: Entertain, Enlighten, and Engage," *Operations Management* 2 (2003): 160 – 76.

22. Paul A. Gompers and Sophie Calder – ang, "And the Children Shall Lead: Gender Diversity and Performance in Venture Capital," Harvard Business School Entrepreneurial Management Working Paper No. 17103 (May 22, 2017), https://doi.org/10.2139/ssrn.2973340.

23. T. K. MacDonald et al., "Alcohol Myopia and Condom Use: Can Alcohol Intoxication Be Associated with More Prudent Behavior?" *Journal of Personality and Social Psychology* 78, no. 4 (2000): 605 – 19.

24. Traci Mann and Andrew Ward, "Attention, Self – Control, and Health Behaviors," *Current Directions in Psychological Science* 16, no. 5 (2007): 280 – 83, https://doi.org/10.1111/j.1467 – 8721.2007.00520.x.

25. Matthew Wallaert, Andrew Ward, and Traci Mann, "Reducing Smoking Among Distracted Individuals: A Preliminary Investigation," *Nicotine & Tobacco Research* 16, no. 10 (2014): 1399 – 1403, https://doi.org/10.1093/ntr/ntu117.